WH

# 中华人民共和国文化行业标准

# 公共图书馆评估指标

**Public library assessment indicators**



2015-01-09 发布　　　　2015-04-01 实施

中华人民共和国文化部　发布

图书在版编目(CIP)数据

公共图书馆评估指标/中华人民共和国文化部发布. --北京:国家图书馆出版社,2015.8
ISBN 978-7-5013-5645-4

Ⅰ.①公… Ⅱ.①中… Ⅲ.①公共图书馆—图书馆评估—指标—行业标准—中国 Ⅳ.①G258.2-65

中国版本图书馆CIP数据核字(2015)第156698号

书　　名　公共图书馆评估指标
著　　者　中华人民共和国文化部　发布
责任编辑　高　爽

出　　版　国家图书馆出版社(100034　北京市西城区文津街7号)
(原书目文献出版社　北京图书馆出版社)
发　　行　010-66114536　66126153　66151313　66175620
66121706(传真),66126156(门市部)
E-mail　btsfxb@nlc.gov.cn(邮购)
Website　www.nlcpress.com ——→投稿中心
经　　销　新华书店
印　　装　北京科信印刷有限公司
版　　次　2015年8月第1版　2015年8月第1次印刷

开　　本　889×1194(毫米)　1/16
印　　张　11.5
字　　数　310千字

书　　号　ISBN 978-7-5013-5645-4
定　　价　80.00元

# 目　次

ICS 01.140
A 14
备案号:48939－2015

# WH

# 中华人民共和国文化行业标准

WH/T 70.1—2015

# 公共图书馆评估指标
# 第1部分:省级公共图书馆

## Public library assessment indicators
## Part 1: provincial public library

2015－01－09 发布　　2015－04－01 实施

中华人民共和国文化部　发布

# 目　　次

# 前　言

WH/T 70《公共图书馆评估指标》系列标准包括6个部分：

——第1部分：省级公共图书馆

——第2部分：市级公共图书馆

——第3部分：县级公共图书馆

——第4部分：省级少年儿童图书馆

——第5部分：市级少年儿童图书馆

——第6部分：县级少年儿童图书馆

本部分为公共图书馆评估指标系列标准的第1部分。

本部分按照GB/T 1.1—2009给出的规则起草。

请注意本文件的某些内容可能涉及专利，本部分的发布机构不承担识别这些专利的责任。

本部分由中华人民共和国文化部提出。

本部分由全国图书馆标准化技术委员会(SAC/TC 389)归口。

本部分主要起草单位：国家图书馆。

本部分参与起草单位：首都图书馆、广西壮族自治区图书馆。

本部分主要起草人：刘小琴、申晓娟、王秀香、李丹、韩超、白雪华、尹寿松、张剑、倪晓建、徐欣禄。

附录A为规范性附录，对评估指标的定义和方法进行详细描述。

附录B为资料性附录，对读者满意率调查的内容进行描述。

# 引　　言

图书馆评估对于提升各级公共图书馆业务建设和服务工作能力，提高图书馆科学化管理水平，促进图书馆事业快速发展具有重要意义。文化部自 1994 年开始组织全国县及县以上公共图书馆评估定级工作以来，曾先后于 1994 年、1998 年、2004 年、2009 年、2013 年五次在全国开展公共图书馆评估定级工作。

本部分在上述五次《公共图书馆评估标准》的基础上，建立一套省级公共图书馆评估的指标体系，主要对指标定义、方法等内容做出规定，旨在为全国省级公共图书馆的评估提供指标依据。

# 公共图书馆评估指标
# 第1部分:省级公共图书馆

## 1 范围

本部分规定了省级公共图书馆评估指标体系的构成,确定了省级公共图书馆设施设备、经费与人员、文献资源、服务工作、协作协调、管理与表彰等6个方面的评估指标。

本部分适用于各级文化主管部门、社会第三方组织以及图书馆自身面向省级公共图书馆开展的评估工作,对副省级城市图书馆的评估可参照执行。评估指标对不同级别的图书馆有不同要求,附录A列出了每个指标的具体要求。

## 2 规范性引用文件

下列文件对本文件的应用是必不可少的。凡是注日期的引用文件,仅注日期的版本适用于本文件。凡是不注日期的引用文件,其最新版本(包括所有的修改单)适用于本文件。

GB/T 28220—2011 公共图书馆服务规范

建标108—2008 公共图书馆建设标准

## 3 术语和定义

下列术语和定义适用于本文件。

3.1

**省级公共图书馆 provincial public library**

由省级人民政府投资兴办的面向社会公众开放的图书馆,是具有文献信息资源收集、整理、存储、传播、研究和服务等功能的公益性公共文化与社会教育设施。

注:改写GB/T 28220—2011,定义3.1。

3.2

**评估 evaluation**

对图书馆服务或设施的效益、效率、利用率和相关性的评价过程。

[GB/T 29182—2012,定义2.17]

3.3

**专项拨款 special grant**

为特定项目提供的非经常性资金(或部分资金)。

[GB/T 13191—2009,定义3.5.4]

3.4

**数字资源 digital resource**

以数字形式存储的带有特定内容的信息单元，是图书馆馆藏的一部分。

注：改写 GB/T 13191—2009，定义 3.2.12。

3.5

**数据库 database**

以电子形式存储的描述性记录或者内容单元的集合（包括事实、全文、图像和声音等），并带有统一的用户界面及检索、处理数据的软件。

注：改写 GB/T 13191—2009，定义 3.2.10。

3.6

**志愿者 volunteer**

不为物质报酬，基于良知、信念和责任，志愿参加图书馆工作的人。

3.7

**视听文献 audio visual materials**

利用声像技术直接记录声音、图像等，然后通过播放手段给人以听觉、视觉感受的文献。

注：一般分为录音资料、录像资料和音像资料三种类型，包括录音带、唱片、幻灯片、电影片、电视片、录像带和光盘等。

3.8

**地方文献 local collection**

图书馆收藏的有关某一特定地区及其居民的各类型文献。

3.9

**呈缴制度 the legal deposit system**

指出版单位根据法律规定免费向指定的图书馆缴存出版物的制度。

注：改写 GB/T 28220—2011，定义 3.6。

## 4 总则

### 4.1 评价指标

4.1.1 本部分可用于对图书馆建设、管理与服务水平与其职能目标之间的契合程度进行评价，也可用于对不同图书馆之间的建设、管理与服务水平进行横向比较。

4.1.2 本部分规定设施设备、经费与人员、文献资源、服务工作、协作协调、管理与表彰等 6 个方面的评估指标。其中，设施设备指标用于评估图书馆的建筑条件及设施设备配置满足图书馆开展日常服务活动及相关辅助工作需求的情况，经费与人员指标用于评估图书馆的经费与人员保障水平，文献资源指标用于评估图书馆的文献资源建设及发展情况是否能够满足其基本服务需求和履行职能的需求，服务工作指标用于评估图书馆开展各类型用户服务的能力与效率，协作协调指标用于评估图书馆在地区图书馆服务体系建设中所做的工作及发挥的作用，管理与表彰指标用于评估图书馆内部组织管理制度的健全程度、监督执行情况及获得各级表彰的情况。

### 4.2 评价方法

4.2.1 本部分包含定量和定性两类指标,附录A中对两类指标的评估方法做出规定。

4.2.2 定量指标包含基本值和良好值两档,“基本值”为省级公共图书馆在该指标上的表现被评定为“达标”应达到的最低值,“良好值”为省级公共图书馆在该指标上的表现被评定为“良好”时应达到最低值。评估时一般通过统计和计算获得相应指标值,对照指标要求衡量图书馆在该指标上的现实水平;不能实现全面统计的定量指标可采用抽样方法进行换算,但应说明抽样统计的原则及具体换算方法。

4.2.3 定性指标规定重点考查因素或重点考查内容。在具体评估实践中,应确定各个评估指标需提供的评估参考资料,包括资料类型(或内容)、资料提供方式、资料提供主体等。

### 4.3 评估指标的取舍与扩展

4.3.1 本部分提出的是一套针对省级图书馆所有工作方面进行评估的综合指标体系,可以根据实际需要,与其他针对特定目的的独立评估指标体系(如重点文化工程评估指标等)配套使用。

4.3.2 在实际评估工作中,可根据评估目的和实际需要选择本标准规定的全部或部分评估指标进行评估。但无论评估目的为何,用户满意率作为一项必备的评估内容都应包含在内,附录B中对用户满意率的评估内容和方法做出了规定。

4.3.3 本部分规定的指标体系中不能涵盖的评估内容,可根据实际需要增加新的指标。为细化某一指标的考查内容和要求,也可在已有指标下增设下位指标,但新增下位指标不得超出原指标的语义范畴,同时应在附录A中对新增指标的定义和方法进行详细说明。

4.3.4 本部分定量指标设置了基本值和良好值两档指标值,在实际评估中,可根据需要细分指标值,也可适当调整指标值,如图书馆事业较为发达的东部地区可提高基本值,但最低值不能低于本部分中规定的基本值。

### 4.4 评估指标的权重系数及打分标准

在评估之前,应确定各指标的权重系数和打分标准。“权重系数”指每个指标在上一级指标体系和整个指标体系中所占的分值比例;“打分标准”指如何给一项指标划分分值档次,以及每档分值的具体给分依据和标准。

### 4.5 数据获取

在具体评估实践中,应确定各定量指标的数据统计要求及应提供的相关证明材料。其中,数据统计可以统计评估当年或上一年度的数据,或者取一个评估周期内各年度的平均值;证明材料主要包括相应的报表、文件、证书等。

## 5 省级公共图书馆评估指标

省级公共图书馆评估指标见表1:

**表1　省级公共图书馆评估指标一览表**

| 指标序号 | 指标名称 |
| --- | --- |
| A.1 | 设施设备 |
| A.1.1 | 建筑条件 |
| A.1.1.1 | 建筑面积 |
| A.1.1.2 | 读者服务区比例 |
| A.1.1.3 | 阅览面积 |
| A.1.1.4 | 阅览座席数量 |
| A.1.1.5 | 少年儿童阅览室座席数量 |
| A.1.2 | 现代化技术条件 |
| A.1.2.1 | 计算机终端数量 |
| A.1.2.2 | 可供读者使用的计算机终端数量 |
| A.1.2.3 | 读者服务区无线网覆盖范围 |
| A.1.2.4 | 计算机信息节点数量 |
| A.1.2.5 | 网络带宽 |
| A.1.2.6 | 存储容量 |
| A.1.2.7 | 自动化管理系统 |
| A.2 | 经费与人员 |
| A.2.1 | 经费 |
| A.2.1.1 | 年财政拨款总额 |
| A.2.1.2 | 财政拨款年增长率与当地财政收入年增长率的比率 |
| A.2.1.3 | 年新增藏量购置费 |
| A.2.1.4 | 数字资源购置费比例 |
| A.2.2 | 人员 |
| A.2.2.1 | 大学本科以上学历人员比例 |
| A.2.2.2 | 职称 |
| A.2.2.2.1 | 高级职称人员比例 |
| A.2.2.2.2 | 中级职称人员比例 |
| A.2.2.3 | 领导班子履职能力 |
| A.2.2.4 | 员工年人均参加教育培训学时数 |
| A.2.2.5 | 业务研究 |
| A.2.2.5.1 | 员工年人均发表论文数量 |
| A.2.2.5.2 | 年均发表各类学术论文的员工比例 |
| A.2.2.5.3 | 年均出版专著总数 |
| A.2.2.5.4 | 科研项目立项数量 |
| A.2.2.5.5 | 科研成果获奖数量 |
| A.3 | 文献资源 |
| A.3.1 | 文献资源采选制度 |

**表1　省级公共图书馆评估指标一览表(续)**

| 指标序号 | 指标名称 |
| --- | --- |
| A.3.2 | 文献资源入藏 |
| A.3.2.1 | 总藏量 |
| A.3.2.1.1 | 电子图书藏量 |
| A.3.2.1.2 | 电子报纸、电子期刊藏量 |
| A.3.2.3 | 年入藏量 |
| A.3.2.3.1 | 图书年入藏量 |
| A.3.2.3.2 | 报纸、期刊年入藏量 |
| A.3.2.3.3 | 视听文献年入藏量 |
| A.3.2.4 | 地方文献入藏 |
| A.3.2.5 | 外文文献入藏 |
| A.3.2.6 | 文献资源缴存率 |
| A.3.2.7 | 多卷书、连续出版物入藏完整率 |
| A.3.3 | 文献资源编目 |
| A.3.3.1 | 文献资源编目标准化 |
| A.3.3.2 | 文献资源编目时效 |
| A.3.3.3 | 机读目录编制比例 |
| A.3.4 | 藏书组织管理 |
| A.3.4.1 | 开架文献排架 |
| A.3.4.2 | 文献剔除 |
| A.3.4.3 | 文献资源保护 |
| A.3.5 | 数字资源建设 |
| A.3.5.1 | 数字资源本地存储量 |
| A.3.5.2 | 自建数字资源总量 |
| A.3.5.3 | 地方文献数据库建设 |
| A.3.6 | 文献资源整合 |
| A.4 | 服务工作 |
| A.4.1 | 免费开放 |
| A.4.1.1 | 公共空间免费开放 |
| A.4.1.2 | 基本服务免费提供 |
| A.4.2 | 普通服务 |
| A.4.2.1 | 每周开馆时间 |
| A.4.2.2 | 文献开架服务 |
| A.4.2.3 | 文献年外借册次 |
| A.4.2.4 | 馆际互借 |
| A.4.2.5 | 馆外流动服务点文献年借阅册次 |
| A.4.2.6 | 年每千人接受服务次数 |

**表1　省级公共图书馆评估指标一览表(续)**

| 指标序号 | 指标名称 |
|---|---|
| A.4.2.7 | 文献推介 |
| A.4.2.8 | 政府公开信息服务 |
| A.4.3 | 为立法决策提供信息服务 |
| A.4.4 | 参考咨询服务 |
| A.4.5 | 为特殊群体服务 |
| A.4.6 | 数字资源服务 |
| A.4.6.1 | 网站建设与服务 |
| A.4.6.2 | 年网站访问量 |
| A.4.6.3 | 新媒体服务 |
| A.4.6.4 | 数字资源的发布和利用 |
| A.4.6.4.1 | 数字资源发布 |
| A.4.6.4.2 | 可远程访问的数据库比例 |
| A.4.6.4.3 | 数据库使用 |
| A.4.7 | 社会教育活动 |
| A.4.7.1 | 年讲座、培训次数 |
| A.4.7.2 | 年展览次数 |
| A.4.7.3 | 年阅读推广活动次数 |
| A.4.7.4 | 活动宣传 |
| A.4.8 | 读者满意率 |
| A.5 | 协作协调 |
| A.5.1 | 跨省、跨系统协作协调 |
| A.5.2 | 本地区图书馆服务体系建设 |
| A.5.2.1 | 本地区服务体系建设规划 |
| A.5.2.2 | 加入本地区服务体系的图书馆比例 |
| A.5.2.3 | 本地区服务体系内的文献资源共享 |
| A.5.3 | 基层辅导 |
| A.5.3.1 | 基层业务指导 |
| A.5.3.2 | 基层业务辅导与培训 |
| A.5.4 | 图书馆学/协会工作 |
| A.5.5 | 联合编目工作 |
| A.5.5.1 | 参加全国性联合编目工作 |
| A.5.5.2 | 组织本地区联合编目工作 |
| A.5.5.3 | 参与本地区联合编目工作的图书馆比例 |
| A.6 | 管理与表彰 |
| A.6.1 | 事业发展规划 |
| A.6.2 | 业务管理 |

表1　省级公共图书馆评估指标一览表(续)

| 指标序号 | 指标名称 |
|---|---|
| A.6.3 | 财务管理 |
| A.6.4 | 人力资源管理 |
| A.6.5 | 国有资产管理 |
| A.6.6 | 档案管理 |
| A.6.7 | 环境管理 |
| A.6.8 | 统计工作 |
| A.6.9 | 安全保卫 |
| A.6.10 | 上级表彰 |
| 注:上述指标的详细描述见附录A。 | |

# 附录 A
# （规范性附录）
# 评估指标描述

## A.1 设施设备

### A.1.1 建筑条件

#### A.1.1.1 建筑面积

**定义**：指图书馆建筑或建筑群的总面积。

注：改写 GB/T 13191—2009，定义 6.4.7.3。

**方法**：

——不包括正在扩建和尚未竣工的建筑面积、租赁的房屋、职工宿舍和临时建筑。

——指标值为：

a）基本值：1.5 万平方米；

b）良好值：3.5 万平方米。

#### A.1.1.2 读者服务区比例

**定义**：指图书馆内读者服务区的面积占图书馆使用面积的百分比。

**方法**：

——读者服务区包括藏书区、借阅区、咨询服务区、公共活动与辅助服务区。

——计算公式：A/B×100%

式中：

A——读者服务区面积，单位为平方米；

B——图书馆使用面积，单位为平方米。

——指标值为：

a）基本值：50%；

b）良好值：60%。

#### A.1.1.3 阅览面积

**定义**：指图书馆内为读者提供阅览的空间的总面积。

**方法**：

——含专门阅览室、借阅合一的阅览室、多媒体视听室、电子阅览室、自修室等常设读者座席、供阅览的场所；不含多功能厅、报告厅。

——指标值为：

a）基本值：0.4 万平方米；

b）良好值：0.8 万平方米。

#### A.1.1.4 阅览座席数量

**定义**：指阅览室内可供读者使用的座位数。

**方法:**

——不含公众活动场所供读者休息、等候的座席。

——指标值为:

a)基本值:800 个;

b)良好值:1400 个。

注:含指标 A.1.1.5。

### A.1.1.5 少年儿童阅览室座席数量

**定义:**指少年儿童阅览室可供读者使用的座位数。

**方法:**

——单独设置的少年儿童活动空间,可根据“建标 108—2008”的规定,按“阅览座位使用面积:1.8—2.3 $m^2$/座”折算阅览座席数量。

——指标值为:

a)基本值:80 个;

b)良好值:140 个。

注:含在指标 A.1.1.4 中。

## A.1.2 现代化技术条件

### A.1.2.1 计算机终端数量

**定义:**指图书馆内提供给读者和工作人员使用的计算机终端的数量。

**方法:**

——不包括已经淘汰、报废的计算机。

——指标值为:

a)基本值:100 台;

b)良好值:300 台。

注:含指标 A.1.2.2。

### A.1.2.2 可供读者使用的计算机终端数量

**定义:**指图书馆内提供给读者使用的计算机终端的数量。

**方法:**

——指标值为:

a)基本值:60 台;

b)良好值:180 台。

注:含在指标 A.1.2.1 中。

### A.1.2.3 读者服务区无线网覆盖范围

**定义:**指读者服务区内能提供无线网络连接服务的面积比例。

**方法:**

——读者服务区包括藏书区、借阅区、咨询服务区、公共活动及辅助服务区。

——计算公式: A/B×100%

式中:

A——提供无线网络服务的读者服务区的面积,单位为平方米;

B——读者服务区的总面积,单位为平方米。

——指标值为:

a)基本值:75%;

b)良好值:95%。

### A.1.2.4 计算机信息节点数量

**定义:**指在图书馆馆舍内能与局域网或互联网连接的计算机网络接口总量。

**方法:**

——指标值为:

a)基本值:240个;

b)良好值:420个。

### A.1.2.5 网络带宽

**定义:**指图书馆接入因特网的通信线路的传输速率,即每秒钟可传输的最大字节数。

**方法:**

——指标值为:

a)基本值:100兆位/秒(Mbps);

b)良好值:200兆位/秒(Mbps)。

### A.1.2.6 存储容量

**定义:**指图书馆拥有的存储设备所能包含的数据总量,以字节数来计量。

注:改写GB/T 5271.12—2000,定义12.02.21。

**方法:**

——不包含普通服务器、计算机的硬盘容量。

——指标值为:

a)基本值:15万亿字节(TB);

b)良好值:100万亿字节(TB)。

### A.1.2.7 自动化管理系统

**定义:**指图书馆用来收集、存储及分析数据的业务管理系统和供馆内工作人员使用的数据处理系统。

**方法:**

——重点考查图书馆业务工作自动化管理系统(含采访、编目、检索、流通等)和日常办公自动化管理系统(含人事、财务、设备、档案等)的建设情况以及各子系统之间的数据共享、互操作等。

## A.2 经费与人员

### A.2.1 经费

#### A.2.1.1 年财政拨款总额

**定义：**指图书馆一年内获得的各级政府部门的拨款总额。

**方法：**

——包括专项拨款。

——以实际到位的经费进行计算。

——指标值为：

a)基本值：800 万元；

b)良好值：3000 万元。

#### A.2.1.2 财政拨款年增长率与当地财政收入年增长率的比率

**定义：**指图书馆获得财政拨款的年增长率与本省财政收入年增长率的百分比。

**方法：**

——包括专项经费。

——计算公式：$A/B \times 100\%$

式中：

A——财政拨款年增长率，单位为百分比；

B——本省财政收入年增长率，单位为百分比。

——指标值为：

a)基本值：70%；

b)良好值：100%。

#### A.2.1.3 年新增藏量购置费

**定义：**指本馆一年内用于购置各类型文献的经费总额。

**方法：**

——含数字资源购置费。

——指标值为：

a)基本值：200 万元；

b)良好值：1000 万元。

#### A.2.1.4 数字资源购置费比例

**定义：**指图书馆用于购置数字资源的费用占图书馆年新增藏量购置费的百分比。

**方法：**

——计算公式：$A/B \times 100\%$

式中：

A——年数字资源购置费,单位为万元;

B——年新增藏量购置费,单位为万元。

——指标值为:

a)基本值:8%;

b)良好值:15%。

### A.2.2 人员

#### A.2.2.1 大学本科以上学历人员比例

**定义**:指馆内大学本科以上学历人员占全馆员工总人数的百分比。

**方法**:

——全馆员工指图书馆的正式在编人员。

——计算公式:A/B×100%

式中:

A——馆内大学本科以上学历的员工的数量,单位为人;

B——全馆员工总人数,单位为人。

——指标值为:

a)基本值:40%;

b)良好值:60%。

#### A.2.2.2 职称

##### A.2.2.2.1 高级职称人员比例

**定义**:指馆内获得高级及副高级职称的人数与全馆员工总人数的百分比。

**方法**:

——全馆员工指图书馆的正式在编人员。

——计算公式:A/B×100%

式中:

A——馆内获得高级职称的员工数量,单位为人;

B——全馆员工总人数,单位为人。

——指标值为:

a)基本值:5%;

b)良好值:10%。

##### A.2.2.2.2 中级职称人员比例

**定义**:指馆内获得中级职称的人数与全馆员工总人数的百分比。

**方法**:

——全馆员工指图书馆的正式在编人员。

——计算公式:A/B×100%

式中：

A——馆内获得中级职称的员工数量，单位为人；

B——全馆员工总人数，单位为人。

——指标值为：

a）基本值：25%；

b）良好值：40%。

A.2.2.3 **领导班子履职能力**

**定义**：指图书馆内馆级领导集体履行岗位职责的能力。

**方法**：

——重点考查领导班子的结构、推进事业发展的作为和社会的评价度等。

——重点考查领导班子成员的专业作为、专业职称、相关专业工作经历及继续教育等情况。

A.2.2.4 **员工年人均参与教育培训学时数**

**定义**：指全馆员工一年内参加各类教育培训活动的平均学时数。

**方法**：

——包含在职学历教育和各类业务培训。

——全馆员工指图书馆的正式在编人员。

——计算公式：A/B

式中：

A——全馆员工年度接受岗位培训、继续教育的总学时，单位为学时；

B——全馆员工总人数，单位为人。

——指标值为：

a）基本值：40 学时/人；

b）良好值：60 学时/人。

A.2.2.5 **业务研究**

A.2.2.5.1 **员工年人均发表论文数量**

**定义**：指全馆员工在一个统计周期内平均每年每人发表在正式出版物或国际会议上的论文数量。

**方法**：

——正式出版物是指有 ISSN 号的连续出版物（含增刊）、省级以上有内部资料准印证号的图书馆专业期刊、有 ISBN 号或 ISSN 号的会议论文集、有电子出版许可证号的网络期刊等。

——论文内容须与图书馆学、情报学、文献学等学科相关，或与图书馆工作相关。

——论文字数不少于 3000 字；不含通讯报道性文章。

——全馆员工指图书馆的正式在编人员。

——计算公式：A/B

式中：

A——全馆员工在正式出版物或国际会议上发表的论文总数，单位为篇；

B——全馆员工总人数,单位为人。

——指标值为:

a)基本值:0.02 篇/人;

b)良好值:0.05 篇/人。

A.2.2.5.2　**年均发表各类学术论文的员工比例**

**定义:**指在一个统计周期内,馆内每年在正式出版物或国际会议上发表论文的员工数量与全馆员工总人数的百分比。

**方法:**

——正式出版物是指有 ISSN 号的连续出版物(含增刊)、省级以上有内部资料准印证号的图书馆专业期刊、有 ISBN 号或 ISSN 号的会议论文集、有电子出版许可证号的网络期刊等。

——学术论文内容须与图书馆学、情报学、文献学等学科相关,或与图书馆工作相关。

——论文字数不少于 3000 字;不含通讯报道性文章。

——全馆员工指图书馆的正式在编人员。

——计算公式:A/B×100%

式中:

A——在正式出版物或国际会议上发表过论文的员工人数,单位为人;

B——全馆员工总人数,单位为人。

——指标值为:

a)基本值:5%;

b)良好值:20%。

A.2.2.5.3　**年均出版专著总数**

**定义:**指在一个统计周期内,每年本馆员工以个人或集体名义承担主要著作责任的专著总数。

**方法:**

——专著内容须与图书馆学、情报学、文献学等学科相关,或与图书馆工作相关。

——指标值为:

a)基本值:2 种;

b)良好值:5 种。

A.2.2.5.4　**科研项目立项数量**

**定义:**指在一个统计周期内,本馆员工以个人或集体名义主持立项的科研项目的数量。

**方法:**

——科研项目包括国家标准、行业标准的制修订项目。

——根据科研项目级别采取分级赋值换算方式。

——计算公式:A×x+B×y+C×z

式中:

A——获得国家级或国际科研项目的个数,单位为个;

B——获得省部级科研项目的个数,单位为个;

C——获得厅局级科研项目的个数,单位为个;

x——国家级科研项目的权重,取值为 50%;

y——省部级科研项目的权重,取值为 30%;

z——厅局级科研项目的权重,取值为 20%。

——同一科研项目不重复计算。

——在具体评估时,该项指标应限定最高分值,各个项目加权求和之后,所得分数不得高于该指标最高分值。

#### A.2.2.5.5 科研成果获奖数量

**定义**:指在一个统计周期内,本馆员工以个人或集体名义获得奖励的科研成果数量。

**方法**:

——根据科研成果获奖级别采取分级赋值换算方式。

——计算公式:$A \times x + B \times y + C \times z$

式中:

A——获得国家级或国际科研成果奖励的数量,单位为个;

B——获得省部级科研成果奖励的数量,单位为个;

C——获得厅局级科研成果奖励的数量,单位为个;

x——国家级科研成果奖励的权重,取值为 50%;

y——省部级科研成果奖励的权重,取值为 30%;

z——厅局级科研成果奖励的权重,取值为 20%。

——同一项目获多项奖励时,按最高级别奖项计算,不重复计算。

——在具体评估时,该项指标应限定最高分值,各个项目加权求和之后,所得分数不得高于该指标最高分值。

## A.3 文献资源

### A.3.1 文献资源采选制度

**定义**:指图书馆以规章制度的形式确定下来的各类型文献资源的采选原则、目的、方法、重点领域、复本分配等基本要求。

**方法**:

——重点考查是否有“文献采选”的相关规章制度,若有,则考核规章制度中对各类文献(含电子文献和网上资源)的采集依据和工作要求的规定,对文献资源建设的特点和本省文献资源共建共享合理布局要求的体现以及文献采选制度的执行情况。

### A.3.2 文献资源入藏

#### A.3.2.1 总藏量

**定义**:指本馆已入藏的各类文献资源的数量之和。

**方法：**

——以册/件为单位计算。

——报纸、期刊以一个合订本为一册计算。

——包含电子图书、电子报纸与电子期刊。

——指标值为：

a）基本值：150 万册/件；

b）良好值：450 万册/件。

#### A.3.2.1.1 电子图书藏量

**定义：**指本馆以各种方式获得当前使用权的电子图书数量。

**方法：**

——以种为单位计算。

——包括图书馆通过采购、接受捐赠等方式获得，以及本馆自建或与其他机构合作建设的电子图书。

——同一种电子图书不重复计算。

——不含随书光盘。

——指标值为：

a）基本值：100 000 种；

b）良好值：300 000 种。

#### A.3.2.1.2 电子报纸、电子期刊藏量

**定义：**指本馆以各种方式获得当前使用权的电子报纸、电子期刊数量。

**方法：**

——以种为单位计算。

——包括图书馆通过采购、接受捐赠等方式获得，以及本馆自建或与其他机构合作建设的电子报纸、期刊。

——同一种电子报纸、期刊不重复计算。

——指标值为：

a）基本值：3000 种；

b）良好值：6000 种。

### A.3.2.3 年入藏量

#### A.3.2.3.1 图书年入藏量

**定义：**指图书馆一年内入藏的各种来源（如采购、接受捐赠或调拨等）的中外文图书的总量。

**方法：**

——以种为单位计算。

——不含电子图书。

——指标值为：

a）基本值：1.0 万种；

b)良好值:3.5 万种。

A.3.2.3.2　**报纸、期刊年入藏量**

**定义:**指图书馆一年内获得的各种来源(如采购、接受捐赠或调拨等)的中外文报纸和期刊的总量。

**方法:**

——以种为单位计算。

——不含电子报纸、期刊。

——指标值为:

a)基本值:1000 种;

b)良好值:3000 种。

A.3.2.3.3　**视听文献年入藏量**

**定义:**指图书馆一年内获得的各种来源的视听文献的总量。

**方法:**

——以种为单位计算。

——包括图书馆通过采购、接受捐赠或调拨等方式获得的视听文献。

——视听文献包括录音带、录像带、DVD、VCD、CD 唱片等。

——指标值为:

a)基本值:500 种;

b)良好值:1000 种。

A.3.2.4　**地方文献入藏**

**定义:**指图书馆对本地区地方文献的收藏和管理情况。

**方法:**

——重点考查图书馆是否针对地方文献开展专门征集工作,是否为地方文献设置专门收藏和服务空间,是否已编制地方文献专门目录,是否安排专人对地方文献进行管理等。

A.3.2.5　**外文文献入藏**

**定义:**指图书馆外文文献的收藏和管理情况。

**方法:**

——包括图书馆通过采购、接受捐赠或调拨等方式获得的外文文献。

——重点考查外文文献入藏的规模和结构(如学科结构、语种结构和国别等)。

A.3.2.6　**文献资源缴存率**

**定义:**根据有关法律或法规规定,对出版单位所出版文献的缴存比例。

**方法:**

——计算公式:$A/B \times 100\%$

式中:

A——本馆入藏的本省出版单位缴送的出版物的数量,单位为种;

B——同一时间内本省出版单位出版的出版物总量,单位为种。

——指标值为:

a)基本值:70%;

b)良好值:95%。

A.3.2.7 **多卷书、连续出版物入藏完整率**

**定义:**指图书馆入藏完整的纸质多卷书、连续出版物的种数占馆内入藏的纸质多卷书、连续出版物种数总量的百分比。

**方法:**

——抽查50—100种多卷书或连续出版物。

——计算公式:A/B×100%

式中:

A——抽查的多卷书、连续出版物中卷期全部入藏的种数,单位为种;

B——抽查的多卷书、连续出版物的种数,单位为种。

——纸质文献缺藏部分若以电子文献形式补藏,则视同于该文献完整入藏。

——指标值为:

a)基本值:70%;

b)良好值:90%。

A.3.3 **文献资源编目**

A.3.3.1 **文献资源编目标准化**

**定义:**指图书馆依据有关国家标准或行业标准对馆藏各类型文献进行编目的情况。

**方法:**

——重点考查馆藏中外文普通图书、少数民族图书、古籍文献、期刊与报纸、视听文献、数字资源等的编目情况。

——考查内容包括:

a)是否依据有关国家标准和行业标准进行编目;

b)本馆是否有相关编目细则,以及细则执行情况。

A.3.3.2 **文献资源编目时效**

**定义:**指馆藏各类文献从到馆到完成记到和编目所花费时间的情况。

**方法:**

——重点考查普通图书、期刊、报纸、视听文献等文献的编目时效。

——普通图书和视听文献一般在到馆20个工作日内完成编目;期刊一般在到馆7个工作日内完成记到;报纸一般在到馆2个工作日内完成记到。

A.3.3.3 **机读目录编制比例**

**定义:**指馆藏文献按机读目录格式编制机读目录的比例。

**方法**:

——计算公式:A/B×100%

式中:

A——已编制机读目录的馆藏文献总数,单位为种;

B——馆藏各类型文献总数,单位为种。

——指标值为:

a)基本值:60%;

b)良好值:80%。

注:本指标的各类馆藏文献不包含数字资源。

### A.3.4 藏书组织管理

#### A.3.4.1 开架文献排架

**定义**:指图书馆开架文献的管理维护情况。

**方法**:

——重点对开架文献的排架正确率和架位维护管理情况进行考查:

a)开架正确率是否达到GB/T 28220—2011的要求,即"省级图书馆的开架图书排架正确率不低于96%";

b)架位维护管理情况主要考查是否有专门制度和专门人员。

#### A.3.4.2 文献剔除

**定义**:指从馆藏中注销文献资料的工作。

注:改写GB/T 13191—2009,定义3.2.40。

**方法**:

——重点考查剔除工作制度及其执行情况。

#### A.3.4.3 文献资源保护

**定义**:指图书馆为防止、遏止或延缓文献退变及损害所采取的干预技术和抢救、修复受损文献的工作。

注:改写GB/T 4894—2009,定义4.6.1.3。

**方法**:

——含普通馆藏文献、数字文献、古籍文献等的保护工作。

——重点考查文献保护的规章制度、设施设备、书库是否达标以及文献保护的效果等方面内容。

### A.3.5 数字资源建设

#### A.3.5.1 数字资源本地存储量

**定义**:指图书馆通过各种方式获得并储存在本地的数字资源量。

**方法**:

——指标值为:

a)基本值:10万亿字节(TB);

b)良好值:35 万亿字节(TB)。

注:副省级城市图书馆在评估时可适当降低指标值,建议基本值为 5 万亿字节,良好值为 25 万亿字节。

A.3.5.2 自建数字资源总量

**定义:**指图书馆自主建设的储存在本地的数字资源量。

**方法:**

——指标值为:

a)基本值:2 万亿字节(TB);

b)良好值:15 万亿字节(TB)。

A.3.5.3 地方文献数据库建设

**定义:**指图书馆对地方文献进行数字化加工、存储、组织、揭示和管理的工作。

**方法:**

——重点考查地方文献数据库的建设内容和建设规模。

A.3.6 文献资源整合

**定义:**指图书馆将各种载体的信息资源,根据一定的原则进行评价、组织和揭示等,重新组合成一个效能更高的信息资源体系的工作。

**方法:**

——重点考查资源整合的方法、范围、效果等。

## A.4 服务工作

### A.4.1 免费开放

A.4.1.1 公共空间免费开放

**定义:**指图书馆内公共空间的设施和场地的开放及免费情况。

**方法:**

——重点考查一般阅览室、少年儿童阅览室、多媒体阅览室(电子阅览室)、报告厅(培训室、综合活动室)、自修室等公共空间的开放情况及是否免费。

A.4.1.2 基本服务免费提供

**定义:**指图书馆各项基本文化服务项目的提供及免费情况。

**方法:**

——重点考查文献资源借阅、检索与咨询、公益性讲座和展览、基层辅导、流动服务等基本文化服务项目是否健全及免费提供情况;并考查为保障上述基本职能实现的一些辅助性服务,如办证、验证及存包等免费情况。

注:基本公共文化服务项目将随着社会的不断发展、政府财力的增长和人民群众精神文化需求的不断增长而发展变化。所以,在实际评估时,可结合实际情况就上述考查的内容进行调整。

### A.4.2 普通服务

#### A.4.2.1 每周开馆时间

**定义**:指通常情况下,图书馆在一周内提供主要服务(如文献借阅服务、参考咨询服务)的时间。

**方法**:

——周六和周日两天都闭馆的图书馆,评估时该指标不得分。

——本指标所指主要服务不包括自助服务。

——指标值为:

a)基本值:64 小时;

b)良好值:72 小时。

#### A.4.2.2 文献开架服务

**定义**:指图书馆将普通图书、报纸、期刊、视听文献等文献按一定的规则摆放在书架上,并可由读者自行提取进行馆内阅览或外借的服务。

**方法**:

——重点考查开架文献的规模,文献开架服务的制度建设及执行情况。

——重点考查近期出版的普通图书、报纸、期刊等印刷型文献的开架服务情况,不含电子书刊,含半开架文献的服务情况。

——文献有不合理闭架情况的应酌情扣分。

#### A.4.2.3 文献年外借册次

**定义**:指一年内通过本馆或本馆所辖分馆以及本馆派出的馆外服务点借出的本馆各类型文献的数量。

**方法**:

——以册次为单位计算。

——指标值为:

a)基本值:40 万册次;

b)良好值:100 万册次。

注:含指标 A.4.2.5。

#### A.4.2.4 馆际互借

**定义**:指一个图书馆向不由本馆进行行政管理的其他图书馆提供文献的返还式出借或非返还式传递。

**方法**:

——重点考查与本馆建立馆际互借(包含通借通还)关系的图书馆的数量、是否开展跨系统的馆际互借、馆际互借的借入借出数量(包括文献传递)等方面内容。

#### A.4.2.5 馆外流动服务点文献年借阅册次

**定义**:指一年内通过本馆馆外流动服务点(含流动图书车、自助图书馆等)借出的本馆各类型文献的数量。

**方法:**

——以册次为单位计算。

——指标值为:

a)基本值:2 万册次;

b)良好值:4 万册次。

注:含在指标 A.4.2.3 中。

### A.4.2.6 年每千人接受服务次数

**定义:**指一年内,每一千位常住人口接受图书馆服务的次数。

**方法:**

——计算公式:A/B×1000

式中:

A——年服务总人次,指一年内图书馆服务的总人次,包括到馆服务和非到馆服务,单位为次;

B——全省常住人口数量,以本省统计年鉴数据为准,单位为人。

——指标值为:

a)基本值:40 次/千人;

b)良好值:60 次/千人。

### A.4.2.7 文献推介

**定义:**指图书馆在馆内或馆外利用各种方式开展的馆藏文献宣传、介绍、推广等活动。

**方法:**

——重点考查书刊宣传活动的次数、方法、效果等。

### A.4.2.8 政府公开信息服务

**定义:**指图书馆利用政府公开信息提供服务的情况。

**方法:**

——重点考查政府信息公开服务的内容、方法、效果等。

### A.4.3 为立法决策提供信息服务

**定义:**指图书馆为各级政府部门、人大、政协开展各项工作提供相关的信息服务。

**方法:**

——重点考查为政府决策提供信息服务的内容、方法、效果等。

### A.4.4 参考咨询服务

**定义:**指图书馆通过口头或书面形式解答读者在利用图书馆提供的资源或服务过程中遇到的各种问题,提供获得文献资料的途径、方法,并编制书目、索引、文摘等供读者使用。

**方法:**

——包括为本地区教育、科研和企事业单位服务,以及为社会公众提供专题服务等。

——重点考查科技查新、定题服务、二/三次文献的编制等。

A.4.5 为特殊群体服务

**定义**:指图书馆为由于各种原因在获取和利用文献信息资源方面存在特殊困难的人群提供有针对性的服务。

**方法**:

——重点考查为残疾人服务情况,为进城务工人员服务情况,为未成年人服务情况以及为老年人服务情况。

A.4.6 数字资源服务

A.4.6.1 网站建设与服务

**定义**:指图书馆在特定域名下制作和发布一系列网页内容,并通过这些网页为用户提供网络化服务。

**方法**:

——包括网页结构、内容、设计、维护、管理与更新等。

——重点考查网上服务信息发布、馆藏书目查询、网上预约(可含电话预约)、网上续借(可含电话续借)、虚拟参考咨询开展情况等。

A.4.6.2 年网站访问量

**定义**:指一年内图书馆网站中所有网页(含文件及动态网页)被访客浏览的总次数。

**方法**:

——指标值为:

a)基本值:300 万次;

b)良好值:1000 万次。

A.4.6.3 新媒体服务

**定义**:指图书馆利用互联网、移动终端、数字电视等新兴媒体形态提供的服务。

**方法**:

——重点考查新媒体服务的方式、内容、效果等。

A.4.6.4 数字资源的发布和利用

A.4.6.4.1 数字资源发布

**定义**:指图书馆通过网络将本馆数字资源提供给用户的活动。

**方法**:

——包含自建资源和外购资源。

——包含局域网、互联网上发布的数字资源。

——重点考查数字资源的发布数量、发布方式、使用效果等。

A.4.6.4.2 可远程访问的数据库比例

**定义**:指图书馆提供的可远程访问的数据库与图书馆提供服务的数据库总量的百分比。

**方法：**

——计算公式：A/B×100%

式中：

A——可远程访问的数据库数量，单位为个；

B——本馆发布服务的数据库的总量，单位为个。

——指标值为：

a）基本值：5%；

b）良好值：30%。

#### A.4.6.4.3 数据库使用

**定义：**指用户对图书馆提供的各类数据库中所含资源的使用情况。

**方法：**

——综合考查数据库的访问量、检索量和下载量等内容。

### A.4.7 社会教育活动

注：同一个社会教育活动在指标A.4.7.1、A.4.7.2、A.4.7.3中不重复计算。

#### A.4.7.1 年讲座、培训次数

**定义：**指一年内本馆独立或与社会组织联合在馆内或馆外举办的面向社会公众的各类讲座、培训活动的次数。

**方法：**

——指标值为：

a）基本值：20次；

b）良好值：60次。

#### A.4.7.2 年展览次数

**定义：**指一年内本馆独立或与社会组织联合在馆内或馆外举办的面向社会公众的展览的次数。

**方法：**

——指标值为：

a）基本值：10次；

b）良好值：25次。

#### A.4.7.3 年阅读推广活动次数

**定义：**指一年内本馆独立或与社会组织联合在馆内或馆外举办的面向社会公众的阅读推广活动的次数。

**方法：**

——指标值为：

a）基本值：12次；

b）良好值：24次。

A.4.7.4 活动宣传

**定义**：指图书馆在馆内或馆外利用各种方式对本馆开展的各类社会教育活动进行宣传、介绍和推广的情况。

**方法**：

——包括对图书馆组织开展服务宣传周、全民读书月、世界图书与版权日等主题活动的考查。

——重点考查宣传活动的内容、方式、渠道、频率、效果等。

A.4.8 读者满意率

**定义**：指用户对图书馆的需求或期望的被满足程度。

注：改写 GB/T 19000—2008，定义 3.1.4。

**方法**：

——可由评估主体自主或委托第三方机构对被评估图书馆的读者进行问卷调查，问卷内容应包括图书馆的设施设备、馆藏资源、服务内容、服务质量及员工素质等（参见附录 B）。

——调查表发放数量不少于 200 份，其中有效问卷总数应不少于 160 份。

——计算公式：$A/B \times 100\%$

式中：

A——满意问卷份数，单位为份；

B——有效问卷份数，单位为份。

——指标值为：

a）基本值：50%；

b）良好值：95%。

## A.5 协作协调

A.5.1 跨省、跨系统协作协调

**定义**：指图书馆与公共图书馆系统之外的机构或与超过本省辖域的图书馆及相关机构之间互相配合、协力开展的工作。

**方法**：

——重点考查被评估图书馆主持及参与跨省、跨系统的协作协调工作。

——主持的跨省、跨系统的协作协调工作，重点考查所承担项目的数量、项目的影响力、取得的实际成果、参加项目的机构数量等方面内容；参与跨省、跨系统的协作协调工作，重点考查被评估图书馆参与这些工作的程度、内容、工作效果、工作方法等。

A.5.2 本地区图书馆服务体系建设

A.5.2.1 本地区服务体系建设规划

**定义**：指对本地区的图书馆间通过合作方式提供的图书馆服务总和的计划和安排。

**方法：**

——重点考查图书馆是否有关于服务体系建设的规划部署，以及该规划部署的科学性、完整性和可操作性等。

#### A.5.2.2 加入本地区服务体系的图书馆比例

**定义：**指本地区参与服务体系建设的县及县以上公共图书馆占全省县及县以上公共图书馆总数的百分比。

**方法：**

——计算公式：A/B×100%

式中：

A——参与本地区服务体系建设的县级及县级以上公共图书馆的数量，单位为个；

B——全省县级及县级以上公共图书馆的总数，单位为个。

——指标值为：

a)基本值：5%；

b)良好值：40%。

#### A.5.2.3 本地区服务体系内的文献资源共享

**定义：**指文献信息资源在本地区服务体系内各级图书馆之间实现共知、共建、共用的活动。

**方法：**

——重点考查文献资源共享的方式、内容、规模及效益等。

### A.5.3 基层辅导

#### A.5.3.1 基层业务指导

**定义：**指图书馆为本地区各级公共图书馆的业务发展提供帮助与引导。

**方法：**

——重点考查业务指导的方式、内容及成效等。具体包括：对本地区公共图书馆的业务统计分析；掌握公共图书馆动态信息，编辑工作通讯；对市、县、区图书馆自动化管理的指导情况；对本地区图书馆事业建设的综合性报告等。其中，对本地区图书馆事业建设的综合性报告，要求主题明确，有事实，有数据，有分析和建议，不少于3000字。

#### A.5.3.2 基层业务辅导与培训

**定义：**指针对本地区各级公共图书馆业务建设开展的各类辅助指导和培训活动。

**方法：**

——重点考查辅导与培训工作的方式、内容、数量及效果等。具体包括：基层辅导工作的计划、总结、经费投入；业务辅导活动的数量、参加人数和成效等。其中，每年业务培训应不少于6次。

### A.5.4 图书馆学/协会工作

**定义：**指图书馆参与全国或本省图书馆学/协会工作的内容及效果。

**方法：**

——重点考查图书馆学/协会工作的计划与总结、组织机构、学术活动、会员发展以及获奖情况等方面内容。

### A.5.5 联合编目工作

#### A.5.5.1 参加全国性联合编目工作

**定义：**指图书馆参与的由全国多个图书馆分担编目并共享编目成果的工作情况。

**方法：**

——重点考查图书馆在全国性联合编目系统中承担的角色及上传与下载数据的情况。

#### A.5.5.2 组织本地区联合编目工作

**定义：**指图书馆组织本地区各级图书馆共同编目且共享编目成果的情况。

**方法：**

——重点考查联合编目专门机构建设情况、工作章程建设情况以及联合编目系统建设情况等方面内容。

#### A.5.5.3 参与本地区联合编目工作的图书馆比例

**定义：**指参与本地区联合编目工作的县及县以上图书馆占本地区县及县以上图书馆总量的比例。

**方法：**

——计算公式：$A/B\times100\%$

式中：

A——参与本地区联合编目工作的县及县以上图书馆的数量，单位为个；

B——本地区县及县以上图书馆的总数，单位为个。

——指标值为：

a）基本值：50%；

b）良好值：85%。

### A.6 管理与表彰

#### A.6.1 事业发展规划

**定义：**指用于明确图书馆未来发展方向和目标的主要思路和具体措施。

**方法：**

——包括中长期规划和年度计划。

——重点考查事业发展规划的制定机制、内容、执行情况等方面内容。

#### A.6.2 业务管理

**定义：**指为保证图书馆业务工作的正常开展而对业务活动所实施的管理。

**方法：**

——重点考查业务规章制度建设和执行情况、业务规范化程度及业务管理考核监督机制建设情况等。

——重点考查读者工作管理情况，包括读者需求调查、读者意见反馈处理等。

A.6.3　财务管理

**定义**：指图书馆对资金的筹集、使用、耗费、收入和分配进行计划、组织、控制、核算和分析，并对资金运动中图书馆与各方面的财务关系进行处理和协调的各项管理工作的总称。

**方法**：

——重点考查财务制度建设及其执行情况，以及有关部门对图书馆财务进行的审计结果等。

A.6.4　人力资源管理

**定义**：指对图书馆工作人员的录用、调配、晋级、培训、奖惩等事宜所实施的管理及对参与图书馆工作的志愿者人员的招募、培训、使用等所实施的管理。

**方法**：

——工作人员管理重点考查岗位管理情况及人员聘用、考核、分配激励机制等。

——志愿者管理重点考查志愿者管理制度、队伍规模及参与图书馆工作的情况。

A.6.5　国有资产管理

**定义**：指图书馆对本馆各类国有资产的储备、分配、使用及订购进行的计划、组织和调节。

**方法**：

——重点考查设备、物资等国有资产管理的制度建设与制度执行情况。

A.6.6　档案管理

**定义**：指图书馆对工作中产生的各类档案资料进行收集、整理、保管、鉴定、统计和提供利用的工作过程。

**方法**：

——包括人事档案、业务档案、工程项目档案等。

——重点考查各类档案是否健全，资料是否翔实，归档是否及时，装订是否整齐，管理是否规范等。

A.6.7　环境管理

**定义**：指图书馆为给读者提供舒适的环境而进行的综合性管理活动。

**方法**：

——重点考查阅读学习设施配备的运行及维护情况，环境整洁、美观、安静程度，馆内标牌规范程度等。

A.6.8　统计工作

**定义**：指图书馆利用各种科学方法，搜集、整理、分析、研究和提供各种统计资料的工作过程。

**方法**：

——重点考查人事管理统计、财务统计、业务工作统计等统计资料的齐全程度及其分析、研究和利用情况等。

A.6.9　安全保卫

**定义**：指图书馆为保障安全和预防各类意外事故发生而进行的综合管理活动。

**方法：**

——重点考查人员安全、数据及网络安全、应急机制建设等方面内容。

——图书馆需具备当地公安、消防部门出具的消防合格材料。

### A.6.10 上级表彰

**定义：**指图书馆获得各级政府主管部门授予的各类表彰与奖励的情况。

**方法：**

——根据表彰级别采取分级赋值换算方式计算。

——计算公式：$A \times x + B \times y + C \times z$

式中：

A——获得国家级表彰与奖励的数量，单位为次；

B——获得国务院业务主管部门及省级党委、政府表彰与奖励的数量，单位为次；

C——获得省级业务主管部门表彰与奖励的数量，单位为次；

x——国家级表彰与奖励的权重值，取值为50%；

y——国务院业务主管部门及省级党委、政府表彰与奖励的权重值，取值为30%；

z——省级业务主管部门表彰与奖励的权重值，取值为20%。

——同一项目获多项奖励时，按最高级别奖项计分，不重复计算。

——在具体评估时，该项指标应限定最高分值，各类项目加权求和之后，所得分数不得高于该指标最高分值。

注：该指标与指标A.2.2.5.5不重复计算。

# 附录 B
## (资料性附录)
## 读者满意率调查表

读者朋友,您好:

为了更好地满足您的需求,提高图书馆的服务质量和水平,我们特邀请您参与“读者调查”活动,望能得到您的支持。本次调查重点了解您对以下 13 项内容的满意程度,请您根据实际感受分别在其后“满意”“基本满意”“不满意”所对应的方框内画“√”。谢谢您的合作!

| | 满意 | 基本满意 | 不满意 |
|---|---|---|---|
| **一、服务环境** | | | |
| 1. 馆舍环境、阅览环境 | □ | □ | □ |
| 2. 信息化设施设备(计算机、复印机、网络设施等) | □ | □ | □ |
| 3. 服务导引说明及相关标示标牌 | □ | □ | □ |
| **二、文献资料** | | | |
| 4. 图书、报纸、期刊及音像资料 | □ | □ | □ |
| 5. 数字资源(各类数据库、网络资源等) | □ | □ | □ |
| **三、服务内容及质量** | | | |
| 6. 开放时间 | □ | □ | □ |
| 7. 目录查询及文献借阅 | □ | □ | □ |
| 8. 解答咨询 | □ | □ | □ |
| 9. 读者活动(讲座、展览、阅读推广活动等) | □ | □ | □ |
| 10. 对图书馆书刊文献及服务活动的宣传和推介 | □ | □ | □ |
| 11. 读者反映意见的渠道及其处理 | □ | □ | □ |
| **四、工作人员** | | | |
| 12. 工作人员的专业水平 | □ | □ | □ |
| 13. 工作人员的服务态度 | □ | □ | □ |

**您的基本情况:**

1. 年龄:16 岁以下□ 17—30 岁□ 31—45 岁□ 45—60 岁□ 60 岁以上□
2. 身份:学生□ 工人□ 农民□ 教师□ 机关干部□ 科研技术人员□ 军人□
   公司职员□ 自由职业者□ 离退休人员□ 其他□

**您认为本馆目前最需要解决的问题是什么?欢迎提出意见和建议。**

注:正确填答问卷中 10 项及以上的为有效问卷;填写“满意”“基本满意”的项目总计 8 项及以上为满意问卷。

## 参考文献

[1] GB/T 11391　信息与文献　图书馆统计[S](GB/T 11391—2009,ISO 2789:2006,IDT)

[2] GB/T 29182　信息与文献　图书馆绩效指标[S](GB/T 29182—2012,ISO 11620:2008,IDT)

[3] GB/T 4894　信息与文献　术语[S](GB/T 4894—2009,ISO 5127:2001,MOD)

[4] 文化部,财政部. 关于推进全国美术馆公共图书馆文化馆(站)免费开放工作的意见(文财务发〔2011〕5号)[OL].[2014-01-21]. http://www.gov.cn/zwgk/2011-02/14/content_1803021.htm

[5] Wisconsin Public Library Standards[OL].[2013-11-21]. http://pld.dpi.wi.gov/pld_standard

[6] Public Library Service Standards[OL].[2013-11-22]. https://www.gov.uk/government/publications? keywords = Public + Library + Service + Standards + &publication_filter_option = all&topics% 5B% 5D = arts-and-culture&departments% 5B% 5D = all&world_locations% 5B% 5D = all&from_date = &to_date = &commit = Refresh + results

[7] Standards, Guidelines and Benchmarks for Public Library Services in Australia and Overseas: A Guide to Resources [OL].[2012-05-26]. http://www.alia.org.au/governance/committees/public.libraries/standards.html

[8] 公共圖書館設立及營運基準[OL].[2013-11-21]. http://www.lins.fju.edu.tw/mao/pl/plstandard.htm

ICS 01.140
A 14
备案号:48940－2015

WH

# 中华人民共和国文化行业标准

WH/T 70.2—2015

# 公共图书馆评估指标
# 第2部分:市级公共图书馆

Public library assessment indicators
Part 2: municipal public library

2015－01－09发布 2015－04－01实施

中华人民共和国文化部 发布

# 目　　次

# 前 言

WH/T 70《公共图书馆评估指标》系列标准包括6个部分：

——第1部分：省级公共图书馆

——第2部分：市级公共图书馆

——第3部分：县级公共图书馆

——第4部分：省级少年儿童图书馆

——第5部分：市级少年儿童图书馆

——第6部分：县级少年儿童图书馆

本部分为公共图书馆评估指标系列标准的第2部分。

本部分按照GB/T 1.1—2009给出的规则起草。

请注意本文件的某些内容可能涉及专利，本部分的发布机构不承担识别这些专利的责任。

本部分由中华人民共和国文化部提出。

本部分由全国图书馆标准化技术委员会(SAC/TC 389)归口。

本部分主要起草单位：国家图书馆。

本部分参与起草单位：东莞图书馆、首都图书馆、广西壮族自治区图书馆。

本部分主要起草人：刘小琴、申晓娟、韩超、王秀香、李丹、白雪华、尹寿松、张剑、李东来、倪晓建、徐欣禄。

附录A为规范性附录，对评估指标的定义和方法进行详细描述。

附录B为资料性附录，对读者满意率调查的内容进行描述。

# 引　言

图书馆评估对于提升各级公共图书馆业务建设和服务工作能力，提高图书馆科学化管理水平，促进图书馆事业快速发展具有重要意义。文化部自1994年开始组织全国县及县以上公共图书馆评估定级工作以来，曾先后于1994年、1998年、2004年、2009年、2013年五次在全国开展公共图书馆评估定级工作。

本部分在上述五次《公共图书馆评估标准》的基础上，建立一套市级公共图书馆评估的指标体系，主要对指标定义、方法等内容做出规定，旨在为全国市级公共图书馆的评估提供指标依据。

# 公共图书馆评估指标
# 第2部分:市级公共图书馆

## 1 范围

本部分规定了市级公共图书馆评估指标体系的构成,确定了市级公共图书馆设施设备、经费与人员、文献资源、服务工作、协作协调、管理与表彰等6个方面的评估指标。

本部分适用于各级文化主管部门、社会第三方组织以及图书馆自身面向市级公共图书馆开展的评估工作。评估指标对不同级别的图书馆有不同要求,附录A列出了每个指标的具体要求。

## 2 规范性引用文件

下列文件对本文件的应用是必不可少的。凡是注日期的引用文件,仅注日期的版本适用于本文件。凡是不注日期的引用文件,其最新版本(包括所有的修改单)适用于本文件。

GB/T 28220—2011 公共图书馆服务规范

建标 108—2008 公共图书馆建设标准

## 3 术语和定义

下列术语和定义适用于本文件。

### 3.1

**市级公共图书馆 municipal public library**

由市级人民政府投资兴办的面向社会公众开放的图书馆,是具有文献信息资源收集、整理、存储、传播、研究和服务等功能的公益性公共文化与社会教育设施。

注:改写 GB/T 28220—2011,定义3.1。

### 3.2

**评估 evaluation**

对图书馆服务或设施的效益、效率、利用率和相关性的评价过程。

[GB/T 29182—2012,定义2.17]

### 3.3

**专项拨款 special grant**

为特定项目提供的非经常性资金(或部分资金)。

[GB/T 13191—2009,定义3.5.4]

### 3.4

**数字资源 digital resource**

以数字形式存储的带有特定内容的信息单元,是图书馆馆藏的一部分。

注:改写 GB/T 13191—2009,定义 3.2.12。

3.5

**数据库 database**

以电子形式存储的描述性记录或者内容单元的集合(包括事实、全文、图像和声音等),并带有统一的用户界面及检索、处理数据的软件。

注:改写 GB/T 13191—2009,定义 3.2.10。

3.6

**志愿者 volunteer**

不为物质报酬,基于良知、信念和责任,志愿参加图书馆工作的人。

3.7

**视听文献 audio visual materials**

利用声像技术直接记录声音、图像等,然后通过播放手段给人以听觉、视觉感受的文献。

注:一般分为录音资料、录像资料和音像资料三种类型,包括录音带、唱片、幻灯片、电影片、电视片、录像带和光盘等。

3.8

**地方文献 local collection**

图书馆收藏的有关某一特定地区及其居民的文献。

## 4 总则

### 4.1 评价指标

4.1.1 本部分可用于对图书馆建设、管理与服务水平与其职能目标之间的契合程度进行评价,也可用于对不同图书馆之间的建设、关于与服务水平进行横向比较。

4.1.2 本部分规定设施设备、经费与人员、文献资源、服务工作、协作协调、管理与表彰等6个方面的评估指标。其中,设施设备指标用于评估图书馆的建筑条件及设施设备配置满足图书馆开展日常服务活动及相关辅助工作需求的情况,经费与人员指标用于评估图书馆的经费与人员保障水平,文献资源指标用于评估图书馆的文献资源建设及发展情况是否能够满足其基本服务需求和履行职能的需求,服务工作指标用于评估图书馆开展各类型用户服务的能力与效率,协作协调指标用于评估图书馆在地区图书馆服务体系建设中所做的工作及发挥的作用,管理与表彰指标用于评估图书馆内部组织管理制度的健全程度、监督执行情况及获得各级表彰的情况。

### 4.2 评价方法

4.2.1 本部分包含定量和定性两类指标,附录 A 中对两类指标的评估方法做出规定。

4.2.2 定量指标包含基本值和良好值两档,“基本值”为市级公共图书馆在该指标上的表现被评定为“达标”应达到的最低值,“良好值”为市级公共图书馆在该指标上的表现被评定为“良好”时应达到最低值。评估时一般通过统计和计算获得相应指标值,对照指标要求衡量图书馆在该指标上的现实水平;不能实现全面统计的定量指标可采用抽样方法进行换算,但应说明抽样统计的原则及具体换算方法。

4.2.3 定性指标规定重点考查因素或重点考查内容。在具体评估实践中,应确定各个评估指标需提供的评估参考资料,包括资料类型(或内容)、资料提供方式、资料提供主体等。

## 4.3 评估指标的取舍与扩展

4.3.1 本部分提出的是一套针对市级图书馆所有工作方面进行评估的综合指标体系,可以根据实际需要,与其他针对特定目的的独立评估指标体系(如重点文化工程评估指标等)配套使用。

4.3.2 在实际评估工作中,可根据评估目的和实际需要选择本标准规定的全部或部分评估指标进行评估。但无论评估目的为何,用户满意率作为一项必备的评估内容都应包含在内,附录B对用户满意率的评估内容和方法做出了规定。

4.3.3 本部分规定的指标体系中不能涵盖的评估内容,可根据实际需要增加新的指标。为细化某一指标的考查内容和要求,也可在已有指标下增设下位指标,但新增下位指标不得超出原指标的语义范畴,同时应在附录A中对新增指标的定义和方法进行详细说明。

4.3.4 本部分定量指标设置基本值和良好值两档指标值,在实际评估中,可根据需要细分指标值,也可适当调整指标值,如图书馆事业较为发达的东部地区可提高基本值,但最低值不能低于本部分中规定的基本值。

## 4.4 评估指标的权重系数及打分标准

在评估之前,应确定各指标的权重系数和打分标准。“权重系数”指每个指标在上一级指标体系和整个指标体系中所占的分值比例;“打分标准”指如何给一项指标划分分值档次,以及每档分值的具体给分依据和标准。

## 4.5 数据获取

在具体评估实践中,应确定各定量指标的数据统计要求及应提供的相关证明材料。其中,数据统计可以统计评估当年或上一年度的数据,或者取一个评估周期内各年度的平均值,证明材料主要包括相应的报表、文件、证书等。

# 5 市级公共图书馆评估指标

市级公共图书馆评估指标见表1:

**表1 市级公共图书馆评估指标一览表**

| 指标序号 | 指标名称 |
|---|---|
| A.1 | 设施设备 |
| A.1.1 | 建筑条件 |
| A.1.1.1 | 建筑面积 |
| A.1.1.2 | 读者服务区比例 |
| A.1.1.3 | 阅览座席数量 |
| A.1.1.4 | 少年儿童阅览室座席数量 |
| A.1.2 | 现代化技术条件 |
| A.1.2.1 | 计算机终端数量 |

**表1　市级公共图书馆评估指标一览表(续)**

| 指标序号 | 指标名称 |
|---|---|
| A.1.2.2 | 可供读者使用的计算机终端数量 |
| A.1.2.3 | 读者服务区无线网覆盖范围 |
| A.1.2.4 | 网络带宽 |
| A.1.2.5 | 存储容量 |
| A.1.2.6 | 自动化管理系统 |
| A.2 | 经费与人员 |
| A.2.1 | 经费 |
| A.2.1.1 | 年财政拨款总额 |
| A.2.1.2 | 财政拨款年增长率与当地财政收入年增长率的比率 |
| A.2.1.3 | 年新增藏量购置费 |
| A.2.1.4 | 数字资源购置费比例 |
| A.2.2 | 人员 |
| A.2.2.1 | 学历 |
| A.2.2.1.1 | 大学本科以上学历人员比例 |
| A.2.2.1.2 | 大专以上学历人员比例 |
| A.2.2.2 | 职称 |
| A.2.2.2.1 | 高级职称人员比例 |
| A.2.2.2.2 | 中级职称人员比例 |
| A.2.2.3 | 领导班子履职能力 |
| A.2.2.4 | 员工年人均参与教育培训学时数 |
| A.2.2.5 | 业务研究 |
| A.2.2.5.1 | 员工年人均发表论文数量 |
| A.2.2.5.2 | 年均专著、调查研究报告数量 |
| A.2.2.5.3 | 科研项目立项及获奖情况 |
| A.3 | 文献资源 |
| A.3.1 | 文献资源采选制度 |
| A.3.2 | 文献资源入藏 |
| A.3.2.1 | 总藏量 |
| A.3.2.2 | 电子图书、电子报纸与电子期刊藏量 |
| A.3.2.3 | 年入藏量 |
| A.3.2.3.1 | 图书年入藏量 |
| A.3.2.3.2 | 报纸、期刊年入藏量 |
| A.3.2.3.3 | 视听文献年入藏量 |
| A.3.2.4 | 地方文献入藏 |
| A.3.2.5 | 多卷书、连续出版物入藏完整率 |
| A.3.3 | 文献资源编目 |

**表1　市级公共图书馆评估指标一览表(续)**

| 指标序号 | 指标名称 |
|---|---|
| A.3.3.1 | 文献资源编目标准化 |
| A.3.3.2 | 文献资源编目时效 |
| A.3.3.3 | 机读目录编制比例 |
| A.3.4 | 藏书组织管理 |
| A.3.4.1 | 加工整理质量 |
| A.3.4.2 | 开架文献排架 |
| A.3.4.3 | 文献资源保护 |
| A.3.5 | 数字资源建设 |
| A.3.5.1 | 数字资源本地存储量 |
| A.3.5.2 | 地方文献数据库建设 |
| A.3.6 | 文献资源整合 |
| A.4 | 服务工作 |
| A.4.1 | 免费开放 |
| A.4.1.1 | 公共空间免费开放 |
| A.4.1.2 | 基本服务免费提供 |
| A.4.2 | 普通服务 |
| A.4.2.1 | 每周开馆时间 |
| A.4.2.2 | 文献开架服务 |
| A.4.2.3 | 文献年外借册次 |
| A.4.2.4 | 馆际互借 |
| A.4.2.5 | 馆外流动服务点文献年借阅册次 |
| A.4.2.6 | 年每千人接受服务次数 |
| A.4.2.7 | 文献推介 |
| A.4.2.8 | 政府公开信息服务 |
| A.4.3 | 为立法决策提供信息服务 |
| A.4.4 | 参考咨询服务 |
| A.4.5 | 为特殊群体服务 |
| A.4.6 | 网站建设与服务 |
| A.4.7 | 社会教育活动 |
| A.4.7.1 | 年讲座、培训次数 |
| A.4.7.2 | 年展览次数 |
| A.4.7.3 | 年阅读推广活动次数 |
| A.4.7.4 | 活动宣传 |
| A.4.8 | 读者满意率 |
| A.5 | 协作协调 |
| A.5.1 | 参与跨地区、跨系统协作协调 |

表1 市级公共图书馆评估指标一览表(续)

| 指标序号 | 指标名称 |
|---|---|
| A.5.2 | 本地区图书馆服务体系建设 |
| A.5.2.1 | 本地区服务体系建设规划 |
| A.5.2.2 | 加入本地服务体系的图书馆比例 |
| A.5.2.3 | 本地区服务体系内的文献资源共享 |
| A.5.3 | 基层辅导 |
| A.5.3.1 | 基层业务指导 |
| A.5.3.2 | 基层业务辅导与培训 |
| A.5.4 | 图书馆学/协会工作 |
| A.5.5 | 参与地区性/全国性联合编目工作 |
| A.6 | 管理与表彰 |
| A.6.1 | 年度计划 |
| A.6.2 | 业务管理 |
| A.6.3 | 财务管理 |
| A.6.4 | 人力资源管理 |
| A.6.5 | 国有资产管理 |
| A.6.6 | 档案管理 |
| A.6.7 | 环境管理 |
| A.6.8 | 统计工作 |
| A.6.9 | 安全保卫 |
| A.6.10 | 上级表彰 |
| 注:上述指标的详细描述见附录A。 | |

# 附录 A
## (规范性附录)
## 评估指标描述

### A.1 设施设备

### A.1.1 建筑条件

#### A.1.1.1 建筑面积

**定义**:指图书馆建筑或建筑群的总面积。

注:改写 GB/T 13191—2009,定义 6.4.7.3。

**方法**:

——不包括正在扩建和尚未竣工的建筑面积、租赁的房屋、职工宿舍和临时建筑。

——指标值为:

a)基本值:0.2 万平方米;

b)良好值:1 万平方米。

#### A.1.1.2 读者服务区比例

**定义**:指图书馆内读者服务区的面积占图书馆使用面积的百分比

**方法**:

——读者服务区包括藏书区、借阅区、咨询服务区、公共活动与辅助服务区

——计算公式:$A/B \times 100\%$

式中:

A——读者服务区面积,单位为平方米;

B——图书馆使用面积,单位为平方米。

——指标值为:

a)基本值:50%

b)良好值:60%

#### A.1.1.3 阅览座席数量

**定义**:指阅览室内可供读者使用的座位数。

**方法**:

——不含公众活动场所供读者休息、等候的座席。

——指标值为:

a)基本值:100 个;

b)良好值:500 个。

注:含指标 A.1.1.4。

#### A.1.1.4 少年儿童阅览室座席数量

**定义**:指少年儿童阅览室可供读者使用的座位数。

**方法**：

——单独设置的少年儿童活动空间，可根据"建标 108—2008"的规定，按"阅览座位使用面积：1.8—2.3$m^2$/座"折算阅览座席数量。

——指标值为：

a）基本值：20 个；

b）良好值：100 个。

注：含在指标 A.1.1.3 中。

### A.1.2 现代化技术条件

#### A.1.2.1 计算机终端数量

**定义**：指图书馆内提供给读者和工作人员使用的计算机终端的数量。

**方法**：

——不包括已经淘汰、报废的计算机。

——指标值为：

a）基本值：60 台；

b）良好值：100 台。

注：含指标 A.1.2.2。

#### A.1.2.2 可供读者使用的计算机终端数量

**定义**：指图书馆内提供给读者使用的计算机终端的数量。

**方法**：

——指标值为：

a）基本值：40 台；

b）良好值：65 台。

注：含在指标 A.1.2.1 中。

#### A.1.2.3 读者服务区无线网覆盖范围

**定义**：指读者服务区内能提供无线网络连接服务的面积比例。

**方法**：

——读者服务区包括藏书区、借阅区、咨询服务区、公共活动及辅助服务区。

——计算公式：$A/B \times 100\%$

式中：

A——提供无线网络服务的读者服务区的面积，单位为平方米；

B——读者服务区的总面积，单位为平方米。

——指标值为：

a）基本值：10%；

b）良好值：80%。

#### A.1.2.4 网络带宽

**定义**:指图书馆接入因特网的通信线路的传输速率,即每秒钟可传输的最大字节数。

**方法**:

——指标值为:

a)基本值:5 兆位/秒(Mbps);

b)良好值:15 兆位/秒(Mbps)。

#### A.1.2.5 存储容量

**定义**:指图书馆拥有的存储设备所能包含的数据总量,以字节数来计量。

注:改写 GB/T 5271.12—2000,定义 12.02.21。

**方法**:

——不包含普通服务器、计算机的硬盘容量。

——指标值为:

a)基本值:10 万亿字节(TB);

b)良好值:30 万亿字节(TB)。

#### A.1.2.6 自动化管理系统

**定义**:指图书馆用来收集、存储及分析数据的业务管理系统和供馆内工作人员使用的数据处理系统。

**方法**:

——重点考查图书馆业务工作自动化管理系统(含采访、编目、检索、流通等)和日常办公自动化管理系统(含人事、财务、设备、档案等)的建设情况以及各子系统之间的数据共享、互操作等。

## A.2 经费与人员

### A.2.1 经费

#### A.2.1.1 年财政拨款总额

**定义**:指图书馆一年内获得的各级政府部门的拨款总额。

**方法**:

——包括专项拨款。

——以实际到位的经费进行计算。

——指标值为:

a)基本值:100 万元;

b)良好值:600 万元。

#### A.2.1.2 财政拨款年增长率与当地财政收入年增长率的比率

**定义**:指图书馆获得财政拨款的年增长率与本市财政收入年增长率的百分比。

**方法**:

——包括专项经费。

——计算公式：A/B×100%

式中：

A——财政拨款年增长率，单位为百分比；

B——本市财政收入年增长率，单位为百分比。

——指标值为：

a）基本值：70%；

b）良好值：100%。

A.2.1.3 **年新增藏量购置费**

**定义**：指本馆一年内用于购置各类型文献的经费总额。

**方法**：

——含数字资源购置费。

——指标值为：

a）基本值：30万元；

b）良好值：90万元。

A.2.1.4 **数字资源购置费比例**

**定义**：指图书馆用于购置数字资源的费用占图书馆年新增藏量购置费的百分比。

**方法**：

——计算公式：A/B×100%

式中：

A——年数字资源购置费，单位为万元；

B——年新增藏量购置费，单位为万元。

——指标值为：

a）基本值：5%；

b）良好值：10%。

A.2.2 **人员**

A.2.2.1 **学历**

A.2.2.1.1 **大学本科以上学历人员比例**

**定义**：指馆内大学本科以上学历人员占全馆员工总人数的百分比。

**方法**：

——全馆员工指图书馆的正式在编人员。

——计算公式：A/B×100%

式中：

A——馆内大学本科以上学历的员工数量，单位为人；

B——全馆员工总人数，单位为人。

——指标值为：

a）基本值：20%；

b）良好值：40%。

### A.2.2.1.2　大专以上学历人员比例

**定义**：指馆内大专以上学历人员占全馆员工总人数的百分比。

**方法**：

——全馆员工指图书馆的正式在编人员。

——包含大学本科以上学历人员。

——计算公式：A/B×100%

式中：

A——馆内大专以上学历的员工数量，单位为人；

B——全馆员工总人数，单位为人。

——指标值为：

a）基本值：70%；

b）良好值：90%。

## A.2.2.2　职称

### A.2.2.2.1　高级职称人员比例

**定义**：指馆内获得高级及副高级职称的人数与全馆员工总人数的百分比。

**方法**：

——全馆员工指图书馆的正式在编人员。

——计算公式：A/B×100%

式中：

A——馆内获得高级职称的员工数量，单位为人；

B——全馆员工总人数，单位为人。

——指标值为：

a）基本值：2%；

b）良好值：8%。

### A.2.2.2.2　中级职称人员比例

**定义**：指馆内获得中级职称的人数与全馆员工总人数的百分比。

**方法**：

——全馆员工指图书馆的正式在编人员。

——计算公式：A/B×100%

式中：

A——馆内获得中级职称的员工数量，单位为人；

B——全馆员工总人数，单位为人。

——指标值为：

a）基本值:20%；

b）良好值:40%。

### A.2.2.3 领导班子履职能力

**定义**:指图书馆内馆级领导集体履行岗位职责的能力。

**方法**:

——重点考查领导班子的结构、推进事业发展的作为和社会的评价度等。

——重点考查领导班子成员的专业作为、专业职称、相关专业工作经历及继续教育等情况。

### A.2.2.4 员工年人均参加教育培训学时数

**定义**:指全馆员工一年内参加各类教育培训活动的平均学时数。

**方法**:

——包含在职学历教育和各类业务培训。

——全馆员工指图书馆的正式在编人员。

——计算公式:A/B

式中：

A——全馆员工年度接受岗位培训、继续教育的总学时，单位为学时；

B——全馆员工总人数，单位为人。

——指标值为：

a）基本值:40 学时/人；

b）良好值:60 学时/人。

### A.2.2.5 业务研究

#### A.2.2.5.1 员工年人均发表论文数量

**定义**:指全馆员工在一个统计周期内平均每年每人发表在正式出版物或专业会议上的论文数量。

**方法**:

——正式出版物是指有 ISSN 号的连续出版物（含增刊）、省级以上有内部资料准印证号的图书馆专业期刊、有 ISBN 号或 ISSN 号的论文集、有电子出版许可证号的网络期刊等。

——论文内容须与图书馆学、情报学、文献学等学科相关图书馆工作相关。

——论文字数不少于 3000 字；不含通讯报道性文章。

——全馆员工指图书馆的正式在编人员。

——计算公式:A/B

式中：

A——全馆员工在正式出版物或国际会议上发表的论文总数，单位为篇；

B——全馆员工总人数，单位为人。

——指标值为：

a）基本值:0.02 篇/人；

b)良好值:0.04 篇/人。

A.2.2.5.2　**年均专著、调查研究报告数量**

**定义**:指在一个统计周期内,全馆员工每年以个人或集体名义参与撰写或主编的专著、调查研究报告总数。

**方法**:

——专著内容须与图书馆学、情报学、文献学等学科相关,或与图书馆工作相关。

——指标值为:

a)基本值:1 种;

b)良好值:4 种。

A.2.2.5.3　**科研项目立项及获奖情况**

**定义**:指在一个统计周期内,本馆员工以个人或集体名义主持立项或参加的科研项目及获奖情况。

**方法**:

——科研项目包括国家标准、行业标准的制修订项目。

——同一科研项目不重复计算。

——含本馆的科研项目。

## A.3　文献资源

### A.3.1　文献资源采选制度

**定义**:指图书馆以规章制度的形式确定下来的各类型文献资源的采选原则、目的、方法、重点领域、复本分配等基本要求。

**方法**:

——重点考查是否有“文献采选”的相关规章制度,若有,则考核规章制度中对各类文献(含电子文献和网上资源)的采集依据和工作要求的规定,对文献资源建设的特点和本市文献资源共建共享合理布局要求的体现以及文献采选制度的执行情况。

### A.3.2　文献资源入藏

A.3.2.1　**总藏量**

**定义**:指本馆已入藏的各类文献资源的数量之和。

**方法**:

——以册/件为单位计算。

——报纸、期刊以一个合订本为一册计算。

——包含电子文献。

——指标值为:

a)基本值:20 万册/件;

b)良好值:60 万册/件。

A.3.2.2　**电子图书、电子报纸与电子期刊藏量**

**定义**:指本馆以各种方式获得当前使用权的电子图书、电子报纸与电子期刊的数量。

**方法：**

——以种为单位计算。

——包括图书馆通过采购、接受捐赠等方式获得，以及本馆自建或与其他机构合作建设的电子图书、电子报纸与电子期刊。

——同一种电子图书、电子报纸及电子期刊不重复计算。

——不含随书光盘。

——指标值为：

a）基本值：4000 种；

b）良好值：6000 种。

#### A.3.2.3 年入藏量

##### A.3.2.3.1 图书年入藏量

**定义：**指图书馆一年内入藏的各种来源（如采购、接受捐赠或调拨等）的中外文图书的总量。

**方法：**

——以种为单位计算。

——不含电子图书。

——指标值为：

a）基本值：2000 种；

b）良好值：6000 种。

##### A.3.2.3.2 报纸、期刊年入藏量

**定义：**指图书馆一年内入藏的各种来源（如采购、接受捐赠或调拨等）的中外文报纸和期刊的总量。

**方法：**

——以种为单位计算。

——不含电子报纸、期刊。

——指标值为：

a）基本值：50 种；

b）良好值：800 种。

##### A.3.2.3.3 视听文献年入藏量

**定义：**指图书馆一年内入藏的各种来源的视听文献的总量。

**方法：**

——以种为单位计算。

——包括图书馆通过采购、接受捐赠或调拨等方式获得的视听文献。

——视听文献包括录音带、录像带、DVD、VCD、CD 唱片等。

——指标值为：

a）基本值：100 种；

b）良好值：600 种。

A.3.2.4 **地方文献入藏**

**定义**:指图书馆对本地区地方文献的收藏和管理情况。

**方法**:

——重点考查图书馆是否针对地方文献开展专门征集工作,是否为地方文献设置专门收藏和服务空间,是否已编制地方文献专门目录,是否安排专人对地方文献进行管理等。

A.3.2.5 **多卷书、连续出版物入藏完整率**

**定义**:指图书馆入藏完整的纸质多卷书、连续出版物的种数占馆内入藏的纸质多卷书、连续出版物种数总量的百分比。

**方法**:

——抽查50—100种多卷书或连续出版物。

——计算公式:A/B×100%

式中:

A——抽查的多卷书、连续出版物中卷期全部入藏的种数,单位为种;

B——抽查的多卷书、连续出版物的种数,单位为种。

——纸质文献缺藏部分若以电子文献形式补藏,则视同于该文献完整入藏。

——指标值为:

a)基本值:70%;

b)良好值:90%。

A.3.3 **文献资源编目**

A.3.3.1 **文献资源编目标准化**

**定义**:指图书馆依据有关国家标准或行业标准对馆藏各类型文献进行编目的情况。

**方法**:

——重点考查馆藏中外文普通图书、少数民族图书、古籍文献、期刊与报纸、视听文献、数字资源等的编目情况。

——考查内容包括:

a)是否依据有关国家标准和行业标准进行编目;

b)本馆是否有相关编目细则,以及细则执行情况。

A.3.3.2 **文献资源编目时效**

**定义**:指馆藏各类文献从到馆到完成记到和编目所花费时间的情况。

**方法**:

——重点考查普通图书、期刊、报纸、视听文献等的编目时效。

——普通图书和视听文献一般在到馆20个工作日内完成编目;期刊一般在到馆7个工作日内完成记到;报纸一般在到馆2个工作日内完成记到。

A.3.3.3 **机读目录编制比例**

**定义**:指馆藏文献按机读目录格式编制机读目录的比例。

**方法：**

——计算公式：A/B×100%

式中：

A——已编制机读目录的馆藏文献总数，单位为种；

B——馆藏各类型文献总数，单位为种。

——指标值为：

a）基本值：60%；

b）良好值：80%。

注：本指标的各类馆藏文献不含数字资源。

### A.3.4 藏书组织管理

#### A.3.4.1 加工整理质量

**定义：**指图书馆对入藏文献的加工情况。

**方法：**

——重点考查入藏文献的书标、登录号和馆藏章的加工质量等方面内容。

#### A.3.4.2 开架文献排架

**定义：**指图书馆开架文献的管理维护情况。

**方法：**

——重点对开架图书馆的排架正确率和架位维护管理情况进行考查：

a）开架正确率是否达到 GB/T 28220—2011 的要求，即“省级图书馆的开架图书排架正确率不低于96%”；

b）架位维护管理情况主要考查是否有专门制度和专门人员。

#### A.3.4.3 文献资源保护

**定义：**指图书馆为防止、遏止或延缓文献退变及损害所采取的干预技术和抢救、修复受损文献的工作。

注：改写 GB/T 4894—2009，定义4.6.1.3。

**方法：**

——含普通馆藏文献、数字文献、古籍文献等的保护工作。

——重点考查文献保护的规章制度、设施设备、书库是否达标以及文献保护的效果等方面内容。

### A.3.5 数字资源建设

#### A.3.5.1 数字资源本地存储量

**定义：**指图书馆通过各种方式获得并储存在本地的数字资源量。

**方法：**

——指标值为：

a）基本值：2万亿字节（TB）；

b）良好值：15万亿字节（TB）。

#### A.3.5.2 地方文献数据库建设

**定义**:指图书馆对地方文献进行数字化加工、存储、组织、揭示和管理的工作。

**方法**:

——重点考查地方文献数据库的建设内容和建设规模。

### A.3.6 文献资源整合

**定义**:指图书馆将各种载体的信息资源,根据一定原则进行评价、组织和提示等,重新组合成一个效能更高的信息资源体系的工作。

**方法**:

——重点考查图书馆资源整合的方法、范围、效果等。

## A.4 服务工作

### A.4.1 免费开放

#### A.4.1.1 公共空间免费开放

**定义**:指图书馆内公共空间的设施和场地的开放及免费情况。

**方法**:

——重点考查一般阅览室、少年儿童阅览室、多媒体阅览室(电子阅览室)、报告厅(培训室、综合活动室)、自修室等公共空间的开放情况及是否免费。

#### A.4.1.2 基本服务免费提供

**定义**:指图书馆各项基本文化服务项目的提供及免费情况。

**方法**:

——重点考查文献资源借阅、检索与咨询、公益性讲座和展览、基层辅导、流动服务等基本文化服务项目是否健全及免费提供情况,并考查为保障基本职能实现的一些辅助性服务,如办证、验证及存包等免费情况。

注:基本公共文化服务项目将随着社会的不断发展、政府财力的增长和人民群众精神文化需求的不断增长而发展变化。所以,在实际评估时,可结合实际情况就上述考查的内容进行调整。

### A.4.2 普通服务

#### A.4.2.1 每周开馆时间

**定义**:指通常情况下,图书馆在一周内提供主要服务(如文献借阅服务、参考咨询服务)的时间。

**方法**:

——周六和周日两天都闭馆的图书馆,评估时该指标不得分。

——本指标所指主要服务不包括自助服务。

——指标值为:

a)基本值:60 小时;

b)良好值:68 小时。

A.4.2.2 **文献开架服务**

**定义:**指图书馆将普通图书、报纸、期刊、视听文献等文献按一定的规则摆放在书架上,并可由读者自行提取进行馆内阅览或外借的服务。

**方法:**

——重点考查开架文献的规模,文献开架服务的制度建设及执行情况。

——重点考查近期出版的普通图书、报纸、期刊等印刷型文献的开架服务情况,不含电子书刊,含半开架文献的服务情况。

——文献有不合理闭架情况的应酌情扣分。

A.4.2.3 **文献年外借册次**

**定义:**指一年内通过本馆或本馆所辖分馆以及本馆派出的馆外服务点借出的本馆各类型文献的数量。

**方法:**

——以册/次为单位计算。

——指标值为:

c)基本值:5 万册次;

d)良好值:30 万册次。

**注:**含指标 A.4.2.5。

A.4.2.4 **馆际互借**

**定义:**指一个图书馆向不由本馆进行行政管理的其他图书馆提供文献的返还式出借或非返还式传递。

**方法:**

——重点考查与本馆建立馆际互借(包含通借通还)关系的图书馆的数量、是否开展跨系统的馆际互借、馆际互借的借入借出数量(包括文献传递)等方面内容。

A.4.2.5 **馆外流动服务点年文献借阅册次**

**定义:**指一年内通过本馆馆外流动服务点(含流动图书车、自助图书馆等)借出的本馆各类型文献的数量。

**方法:**

——以册次为单位计算。

——指标值为:

a)基本值:4000 册次;

b)良好值:12 000 册次。

**注:**含在指标 A.4.2.3 中。

A.4.2.6 **年每千人接受服务次数**

**定义:**指一年内,每一千位常住人口接受图书馆服务的次数。

**方法：**

——计算公式：$A/B\times1000$

式中：

A——年服务总人次，指一年内图书馆服务的总人次，包括到馆服务和非到馆服务，单位为次；

B——全市常住人口数量，以本省统计年鉴数据为准，单位为人。

——指标值为：

a）基本值：60 次/千人；

b）良好值：80 次/千人。

### A.4.2.7 文献推介

**定义：**指图书馆在馆内或馆外利用各种方式开展的馆藏文献宣传、介绍、推广等活动。

**方法：**

——重点考查书刊宣传活动的次数、方法、效果等。

### A.4.2.8 政府公开信息服务

**定义：**指图书馆利用政府公开信息提供服务的情况。

**方法：**

——重点考查政府信息公开服务的内容、方法、效果等。

### A.4.3 为立法决策提供信息服务

**定义：**指图书馆为各级政府部门、人大、政协开展各项工作提供相关的信息服务。

**方法：**

——重点考查为政府决策提供信息服务的内容、方法、效果等。

### A.4.4 参考咨询服务

**定义：**指图书馆通过口头或书面形式解答读者在利用图书馆提供的资源或服务过程中遇到的各种问题。提供获得文献资料的途径、方法，并编制书目、索引、文摘等供读者使用。

**方法：**

——包括为本地区教育、科研和企事业单位服务，以及为社会公众提供专题服务等。

——重点考查科技查新、定题服务、二/三次文献编制等。

### A.4.5 为特殊群体服务

**定义：**指图书馆为由于各种原因在获取和利用文献信息资源方面存在特殊困难的人群提供有针对性的服务。

**方法：**

——重点考查为残疾人服务情况、为进城务工人员服务情况、为未成年人服务情况以及为老年人服务情况。

### A.4.6 网站建设与服务

**定义：**指图书馆在特定域名下制作和发布一系列网页内容，并通过这些网页为用户提供网络化服务。

**方法：**

——包括网页结构、内容、设计、维护、管理与更新等。

——重点考查网上服务信息发布、馆藏书目查询、网上预约(可含电话预约)、网上续借(可含电话续借)、虚拟参考咨询开展情况等。

### A.4.7 社会教育活动

注：同一个社会教育活动在指标A.4.7.1、A.4.7.2、A.4.7.3中不重复计算。

#### A.4.7.1 年讲座、培训次数

**定义：**指一年内本馆独立或与社会组织联合在馆内或馆外举办的面向社会公众的各类讲座、培训活动的次数。

**方法：**

——指标值为：

a)基本值：15次；

b)良好值：70次。

#### A.4.7.2 年展览次数

**定义：**指一年内本馆独立或与社会组织联合在馆内或馆外举办的面向社会公众的展览的次数。

**方法：**

——指标值为：

a)基本值：2次；

b)良好值：12次。

#### A.4.7.3 年阅读推广活动次数

**定义：**指一年内本馆独立或与社会组织联合在馆内或馆外举办的面向社会公众的阅读推广活动的次数。

**方法：**

——指标值为：

a)基本值：4次；

b)良好值：12次。

#### A.4.7.4 活动宣传

**定义：**指图书馆在馆内或馆外利用各种方式对本馆开展的各类社会教育活动进行宣传、介绍和推广的情况。

**方法：**

——包括对图书馆组织开展服务宣传周、全民读书月、世界图书与版权日等主题活动的考查。

——重点考查宣传活动的内容、方式、渠道、频率、效果等。

### A.4.8 读者满意率

**定义：**指用户对图书馆的需求或期望的被满足程度。

注:改写 GB/T 19000—2008,定义 3.1.4。

**方法:**

——可由评估主体自主或委托第三方机构对被评估图书馆的读者进行问卷调查,问卷内容应包括图书馆的设施设备、馆藏资源、服务内容、服务质量及员工素质等(参见附录 B)。

——调查表发放数量不少于 200 份,其中有效问卷总数应不少于 160 份。

——计算公式:A/B×100%

式中:

A——满意问卷份数,单位为份;

B——有效问卷分数,单位为份。

——指标值为:

a)基本值:50%;

b)良好值:95%。

## A.5 协作协调

### A.5.1 参与跨地区、跨系统协作协调

**定义:**指图书馆与公共图书馆系统之外的机构或与超过本市辖域的图书馆及相关机构之间互相配合、协力开展的工作。

**方法:**

——重点考查被评估图书馆参与的跨地区、跨系统的协作协调工作的参与程度、参与内容、工作效果、工作方法等方面内容。

### A.5.2 本地区图书馆服务体系建设

#### A.5.2.1 本地区服务体系建设规划

**定义:**指对本地区的图书馆间通过合作方式提供的图书馆服务总和的计划和安排。

**方法:**

——重点考查图书馆是否有关于服务体系建设的规划部署,以及该规划部署的科学性、完整性和可操作性等。

#### A.5.2.2 加入本地区服务体系的图书馆比例

**定义:**指本地区参与服务体系建设的县及县以上公共图书馆占全市县及县以上公共图书馆总数的百分比。

**方法:**

——计算公式:A/B×100%

式中:

A——参与本地区服务体系建设的县及县以上公共图书馆的数量,单位为个;

B——全市县级及县级以上公共图书馆的总数,单位为个。

——指标值为:

a)基本值:5%;

b)良好值:40%。

#### A.5.2.3 本地区服务体系内的文献资源共享

**定义:**指文献信息资源在本地区服务体系内各级图书馆之间实现共知、共建、共用的活动。

**方法:**

——重点考查文献资源共享的方式、内容、规模及效益等。

### A.5.3 基层辅导

#### A.5.3.1 基层业务指导

**定义:**指图书馆为本地区各级公共图书馆的业务发展提供帮助与引导。

**方法:**

——重点考查业务指导的方式、内容及成效等。具体包括:对本地区公共图书馆的业务统计分析;掌握公共图书馆动态信息,编辑工作通讯;对县、区图书馆自动化管理的指导情况;对本地区图书馆事业建设的综合性报告等。其中,对本地区图书馆事业建设的综合性报告,要求主题明确,有事实、有数据、有分析和建议,不少于3000字。

#### A.5.3.2 基层业务辅导与培训

**定义:**指针对本地区各级公共图书馆业务建设开展的各类辅助指导和培训活动。

**方法:**

——重点考查辅导与培训工作的方式、内容、数量及效果等。具体包括:基层辅导工作的计划、总结、经费投入;业务辅导活动的数量、参加人数和成效等。其中,每年业务培训应不少于3次。

### A.5.4 图书馆学/协会工作

**定义:**指图书馆参与全国或本省、本市图书馆学/协会工作的内容及效果。

**方法:**

——重点考查图书馆学/协会工作的计划与总结、组织机构、学术活动、会员发展以及获奖情况等方面内容。

### A.5.5 参与地区性/全国性联合编目工作

**定义:**指图书馆参与的由全国或地区多个图书馆分担编目并共享编目成果的工作情况。

**方法:**

——重点考查图书馆在全国性或地区性联合编目系统中承担的角色及上传与下载数据的情况。

## A.6 管理与表彰

### A.6.1 年度计划

**定义:**指图书馆在每年度之初针对本馆一年内主要目标、任务及重点工作计划做出的统一部署和安排。

方法:

——重点考查图书馆年度计划的科学性、完整性、连贯性和可操作性。

### A.6.2 业务管理

**定义:**指为保证图书馆业务工作的正常开展而对业务活动所实施的管理。

方法:

——重点考查业务规章制度建设和执行情况、业务规范化程度及业务管理考核监督机制建设情况等。

——重点考查读者工作管理情况,包括读者需求调查、读者意见反馈处理等。

### A.6.3 财务管理

**定义:**指图书馆对资金的筹集、使用、耗费、收入和分配进行计划、组织、控制、核算和分析,并对资金运动中图书馆与各方面的财务关系进行处理和协调的各项管理工作的总称。

方法:

——重点考查财务制度建设及其执行情况,以及有关部门对图书馆财务进行的审计结果等。

### A.6.4 人力资源管理

**定义:**指对图书馆工作人员的录用、调配、晋级、培训、奖惩等事宜所实施的管理及参与图书馆工作的志愿者人员的招募、培训、使用等事宜所实施的管理。

方法:

——工作人员管理重点考查岗位管理情况及人员聘用、考核、分配激励机制等。

——志愿者管理重点考查志愿者管理制度、队伍规模及参与图书馆工作的情况。

### A.6.5 国有资产管理

**定义:**指图书馆对本馆各类国有资产的储备、分配、使用及订购进行的计划、组织和调节。

方法:

——重点考查设备、物资等国有资产管理的制度建设与制度执行情况。

### A.6.6 档案管理

**定义:**指图书馆对工作中产生的各类档案资料进行收集、整理、保管、鉴定、统计和提供利用等的工作过程。

方法:

——包括人事档案、业务档案、工程项目档案等。

——重点考查各类档案是否健全,资料是否翔实,归档是否及时,装订是否整齐,管理是否规范等。

### A.6.7 环境管理

**定义:**指图书馆为给读者提供舒适的环境而进行的综合性管理活动。

方法:

——重点考查阅读学习设施配备的运行及维护情况;环境整洁、美观、安静程度;馆内标牌规范程度等。

A.6.8 统计工作

**定义**：指图书馆利用各种科学方法，搜集、整理、分析、研究和提供各种统计资料的工作过程。

**方法**：

——重点考查人事管理统计、财务统计、业务工作统计等统计资料的齐全程度及其分析、研究和利用情况等。

A.6.9 安全保卫

**定义**：指图书馆为保障安全和预防各类意外事故而进行的综合管理活动。

**方法**：

——重点考查人员安全、数据及网络安全、应急机制建设等方面内容。

——图书馆需具备当地公安、消防部门出具的消防合格材料。

A.6.10 上级表彰

**定义**：指图书馆获得各级政府主管部门授予的各类表彰与奖励的情况。

**方法**：

——根据表彰级别采取分级赋值换算方式计算。

——计算公式：$A \times w + B \times x + C \times y + D \times z$

式中：

A——获得国家级表彰与奖励的数量与获得公共文化服务体系示范区项目的数量之和，单位为次；

B——获得国务院业务主管部门及省级党委、政府表彰与奖励的数量与参与省级文化部门组织的经验交流会、重点文化示范项目的数量之和，单位为次；

C——获得省级业务主管部门表彰、奖励的数量，单位为次；

D——获得市级业务主管部门表彰、奖励的数量，单位为次；

w——国家级表彰与奖励的权重值，取值为40%；

x——国务院业务主管部门及省级党委、政府表彰与奖励的权重值，取值为30%；

y——省级业务主管部门表彰与奖励的权重值，取值为20%；

z——市级业务主管部门表彰与奖励的权重值，取值为10%；

——同一项目获多项奖励时，按最高级别奖项计分，不重复计算。

——在具体评估时，该项指标应限定最高分值，各类项目加权求和之后，所得分数不得高于该指标最高分值。

注：该指标与指标A.2.2.5.3不重复计算。

# 附录 B
## （资料性附录）
## 读者满意率调查表

读者朋友，您好：

为了更好地满足您的需求，提高图书馆的服务质量和水平，我们特邀请您参与“读者调查”活动，望能得到您的支持。本次调查重点了解您对以下13项内容的满意程度，请您根据实际感受分别在其后“满意”“基本满意”“不满意”所对应的方框内画“√”。谢谢您的合作！

| | 满意 | 基本满意 | 不满意 |
|---|---|---|---|
| **一、服务环境** | | | |
| 1. 馆舍环境、阅览环境 | □ | □ | □ |
| 2. 信息化设施设备（计算机、复印机、网络设施等） | □ | □ | □ |
| 3. 服务导引说明及相关标示标牌 | □ | □ | □ |
| **二、文献资料** | | | |
| 4. 图书、报纸、期刊及音像资料 | □ | □ | □ |
| 5. 数字资源（各类数据库、网络资源等） | □ | □ | □ |
| **三、服务内容及质量** | | | |
| 6. 开放时间 | □ | □ | □ |
| 7. 目录查询及文献借阅 | □ | □ | □ |
| 8. 解答咨询 | □ | □ | □ |
| 9. 读者活动（讲座、展览、阅读推广活动等） | □ | □ | □ |
| 10. 对图书馆书刊文献及服务活动的宣传和推介 | □ | □ | □ |
| 11. 读者反映意见的渠道及其处理 | □ | □ | □ |
| **四、工作人员** | | | |
| 12. 工作人员的专业水平 | □ | □ | □ |
| 13. 工作人员的服务态度 | □ | □ | □ |

**您的基本情况：**

1. 年龄：16岁以下□　17—30岁□　31—45岁□　45—60岁□　60岁以上□
2. 身份：学生□　工人□　农民□　教师□　机关干部□　科研技术人员□　军人□
公司职员□　自由职业者□　离退休人员□　其他□

**您认为本馆目前最需要解决的问题是什么？欢迎提出意见和建议。**

注：正确填答问卷中10项及以上问题的为有效问卷；填写“满意”“基本满意”的项目总计8项及以上为满意问卷。

## 参考文献

[1] GB/T 11391　信息与文献　图书馆统计[S](GB/T 11391—2009,ISO 2789:2006,IDT)

[2] GB/T 29182　信息与文献　图书馆绩效指标[S](GB/T 29182—2012,ISO 11620:2008,IDT)

[3] GB/T 4894　信息与文献　术语[S](GB/T 4894—2009,ISO 5127:2001,MOD)

[4] 文化部,财政部. 关于推进全国美术馆公共图书馆文化馆(站)免费开放工作的意见(文财务发〔2011〕5 号)[OL].[2014-01-21]. http://www.gov.cn/zwgk/2011-02/14/content_1803021.htm

[5] Wisconsin Public Library Standards[OL].[2013-11-21]. http://pld.dpi.wi.gov/pld_standard

[6] Public Library Service Standards[OL].[2013-11-22]. https://www.gov.uk/government/publications? keywords=Public+Library+Service+Standards+&publication_filter_option=all&topics%5B%5D=arts-and-culture&departments%5B%5D=all&world_locations%5B%5D=all&from_date=&to_date=&commit=Refresh+results

[7] Standards, Guidelines and Benchmarks for Public Library Services in Australia and Overseas: A Guide to Resources[OL].[2012-05-26]. http://www.alia.org.au/governance/committees/public.libraries/standards.html

[8]公共圖書館設立及營運基準[OL].[2013-11-21]. http://www.lins.fju.edu.tw/mao/pl/plstandard.htm

ICS 01.140
A 14
备案号:48941-2015

# WH

# 中华人民共和国文化行业标准

WH/T 70.3—2015

# 公共图书馆评估指标 第3部分:县级公共图书馆

# Public library assessment indicators Part 3: county public library

2015-01-09 发布　　2015-04-01 实施

中华人民共和国文化部　发布

# 目　　次

# 前　言

WH/T 70《公共图书馆评估指标》系列标准包括6个部分：

——第1部分：省级公共图书馆

——第2部分：市级公共图书馆

——第3部分：县级公共图书馆

——第4部分：省级少年儿童图书馆

——第5部分：市级少年儿童图书馆

——第6部分：县级少年儿童图书馆

本部分为公共图书馆评估指标系列标准的第3部分。

本部分按照GB/T 1.1—2009给出的规则起草。

请注意本文件的某些内容可能涉及专利，本部分的发布机构不承担识别这些专利的责任。

本部分由中华人民共和国文化部提出。

本部分由全国图书馆标准化技术委员会（SAC/TC 389）归口。

本部分主要起草单位：国家图书馆。

本部分参与起草单位：首都图书馆、广西壮族自治区图书馆。

本部分主要起草人：刘小琴、申晓娟、李丹、王秀香、韩超、白雪华、尹寿松、张剑、倪晓建、徐欣禄。

附录A为规范性附录，对评估指标的定义和方法进行详细描述。

附录B为资料性附录，对读者满意率调查的内容进行描述。

# 引　　言

图书馆评估对于提升各级公共图书馆业务建设和服务工作能力,提高图书馆科学化管理水平,促进图书馆事业快速发展具有重要意义。文化部自 1994 年开始组织全国县及县以上公共图书馆评估定级工作以来,曾先后于 1994 年、1998 年、2004 年、2013 年五次在全国开展公共图书馆评估定级工作。

本部分在上述五次《公共图书馆评估标准》的基础上,建立一套县级公共图书馆评估的指标体系,主要对指标定义、方法等内容做出规定,旨在为全国县级公共图书馆的评估提供指标依据。

# 公共图书馆评估指标
# 第 3 部分:县级公共图书馆

## 1 范围

本部分规定了县级公共图书馆评估指标体系的构成,确定了县级公共图书馆设施与设备、经费与人员、文献资源、服务工作、协作协调、管理与表彰等 6 个方面的评估指标。

本部分适用于各级文化主管部门、社会第三方组织以及图书馆自身面向县级图书馆开展的评估工作,对县以下乡镇、社区图书馆的评估可参照执行。评估指标对不同级别的图书馆有不同要求。附录 A 列出了每个指标的具体要求。

## 2 规范性引用文件

下列文件对本文件的应用是必不可少的。凡是注日期的引用文件,仅注日期的版本适用于本文件。凡是不注明日期的引用文件,其最新版本(包括所有的修改单)适用于本文件。

GB/T 28220—2011 公共图书馆服务规范

建标 108—2008 公共图书馆建设标准

## 3 术语和定义

下列术语和定义适用于本文件。

3.1

**县级公共图书馆 county public library**

由县级人民政府投资兴办的面向社会公众开放的图书馆,是具有文献信息资源收集、整理、存储、传播、研究和服务等功能的公益性公共文化与社会教育设施。

注:改写 GB/T 28220—2011,定义 3.1。

3.2

**评估 evaluation**

对图书馆服务或设施的效益、效率、利用率和相关性的评价过程。

[GB/T 29182—2012,定义 2.17]

3.3

**专项拨款 special grant**

为特定项目提供的非经常性资金(或部分资金)。

[GB/T 13191—2009,定义 3.5.4]

3.4

**数字资源 digital resource**

以数字形式存储的带有特定内容的信息单元，是图书馆馆藏的一部分。

注：改写 GB/T 13191—2009，定义 3.2.12。

3.5

**数据库 database**

以电子形式存储的描述性记录或者内容单元的集合（包括事实、全文、图像和声音等），并带有统一的用户界面及检索、处理数据的软件。

注：改写 GB/T 13191—2009，定义 3.2.10。

3.6

**志愿者 volunteer**

不为物质报酬，基于良知、信念和责任，志愿参加图书馆工作的人。

3.7

**视听文献 audio visual materials**

利用声像技术直接记录声音、图像等，然后通过播放手段给人以听觉、视觉感受的文献。

注：一般分为录音资料、录像资料和音像资料三种类型，包括录音带、唱片、幻灯片、电影片、电视片、录像带和光盘等。

3.8

**地方文献 local collection**

图书馆收藏的有关某一特定地区及其居民的各类型文献。

## 4 总则

### 4.1 评价指标

4.1.1 本部分可用于对图书馆建设、管理与服务水平与其职能目标之间的契合程度进行评价，也可用于对不同图书馆之间的建设、管理与服务水平进行横向比较。

4.1.2 本部分规定设施设备、经费与人员、文献资源、服务工作、协作协调、管理与表彰等 6 个方面的评估指标，其中，设施设备指标用于评估图书馆的建筑条件及设施设备配置满足图书馆开展日常服务活动及相关辅助工作需求的情况，经费与人员指标用于评估图书馆的经费与人员保障水平，文献资源指标用于评估图书馆的文献资源建设及发展情况是否能够满足其基本服务需求和履行职能的需要，服务工作指标用于评估图书馆开展各类型用户服务的能力与效率，协作协调指标用于评估图书馆在地区图书馆服务体系建设中所做的工作及其发挥的作用，管理与表彰指标用于评估图书馆内部组织管理制度的健全程度、监督执行情况及获得各级表彰的情况。

### 4.2 评价方法

4.2.1 本部分包含定量和定向两类指标，附录 A 中对两类指标的评估方法做出规定。

4.2.2 定量指标包含基本值和良好值两档，"基本值"为县级公共图书馆在该指标上的表现被评定为"达标"应达到的最低值，"良好值"为县级公共图书馆在该指标上的表现被评定为"良好"时应达到最低值。评估时一般通过统计和计算获得相应指标值,对照指标要求衡量图书馆在该指标上的现实水平;不能实现全面统计的定量指标可采用抽样方法进行换算,但应说明抽样统计的原则及具体换算方法。

4.2.3 定性指标规定重点考查因素或重点考查内容。在具体评估实践中,应确定各个评估指标需提供的评估参考资料,包括资料类型(或内容)、资料提供方式、资料提供主体等。

### 4.3 评估指标的取舍与扩展

4.3.1 本部分提出的是一套针对县级图书馆所有工作方面进行评估的综合指标体系,可以根据实际需要,与其他针对特定目的的独立评估指标体系(如各大重点文化工程评估指标等)配套使用。

4.3.2 在实际评估工作中,可根据评估目的和实际需要选择本标准规定的全部或部分评估指标进行评估。但无论评估目的为何,用户满意率作为一项必备的评估内容都应包含在内,附录B对用户满意率的评估内容和方法做出了规定。

4.3.3 本部分规定的指标体系中不能涵盖的评估内容,可根据实际需要增加新的指标。为细化某一指标的考查内容和要求,也可在已有指标下增设下位指标,但新增下位指标不得超出原指标的语义范畴,并同时应在附录A中对各新增指标的定义和方法进行详细说明。

4.3.4 本部分定量指标设置基本值和良好值两档指标值,但在实际评估中,可根据需要细分指标值,也可适当调整指标值,如图书馆事业较为发达的东部地区可提高基本值,但最低值不能低于本部分中规定的基本值。

### 4.4 评估指标的权重系数及打分标准

在评估之前,应确定各指标的权重系数和打分标准。“权重系数”指每个具体指标在上一级指标体系和整个指标体系中所占的分值比例;“打分标准”指如何给一项指标划分分值档次,以及每档分值的具体给分依据和标准。

### 4.5 数据获取

在具体评估实践中,应确定各定量指标的数据统计要求及应提供的相关证明材料。其中,数据统计可以统计评估当年或上一年度的数据,或者取一个评估周期内各年度的平均值,证明材料主要包括相应的报表、文件、证书等。

## 5 县级公共图书馆评估指标

县级公共图书馆评估指标见表1:

**表1 县级公共图书馆评估指标一览表**

| 指标序号 | 指标名称 |
|---|---|
| A.1 | 设施设备 |
| A.1.1 | 建筑条件 |
| A.1.1.1 | 建筑面积 |
| A.1.1.2 | 读者服务区比例 |
| A.1.1.3 | 阅览座席数量 |

**表1　县级公共图书馆评估指标一览表(续)**

| 指标序号 | 指标名称 |
|---|---|
| A.1.1.4 | 少年儿童阅览室座席数量 |
| A.1.2 | 现代化技术条件 |
| A.1.2.1 | 计算机终端数量 |
| A.1.2.2 | 可供读者使用的计算机终端数量 |
| A.1.2.3 | 网络带宽 |
| A.1.2.4 | 存储容量 |
| A.1.2.5 | 自动化管理系统 |
| A.2 | 经费与人员 |
| A.2.1 | 经费 |
| A.2.1.1 | 年财政拨款总额 |
| A.2.1.2 | 财政拨款年增长率与当地财政收入年增长率的比率 |
| A.2.1.3 | 年新增藏量购置费 |
| A.2.2 | 人员 |
| A.2.2.1 | 大学专科以上学历人员比例 |
| A.2.2.2 | 中级以上职称人员比例 |
| A.2.2.3 | 领导班子履职能力 |
| A.2.2.4 | 员工年人均参与教育培训学时数 |
| A.2.2.5 | 业务研究 |
| A.3 | 文献资源 |
| A.3.1 | 文献资源采选制度 |
| A.3.2 | 文献资源入藏 |
| A.3.2.1 | 总藏量 |
| A.3.2.2 | 电子图书藏量 |
| A.3.2.3 | 年入藏量 |
| A.3.2.3.1 | 图书年入藏量 |
| A.3.2.3.2 | 报纸、期刊年入藏量 |
| A.3.2.3.3 | 视听文献年入藏量 |
| A.3.2.4 | 地方文献入藏 |
| A.3.3 | 文献资源编目 |
| A.3.3.1 | 文献资源编目标准化 |
| A.3.3.2 | 文献资源编目时效 |
| A.3.3.3 | 机读目录编制比例 |
| A.3.4 | 藏书组织管理 |
| A.3.4.1 | 加工整理质量 |
| A.3.4.2 | 开架文献排架 |
| A.3.4.3 | 目录 |

**表1　县级公共图书馆评估指标一览表(续)**

| 指标序号 | 指标名称 |
|---|---|
| A.3.4.4 | 文献资源保护 |
| A.3.5 | 数字资源建设 |
| A.3.5.1 | 数字资源本地存储量 |
| A.3.5.2 | 地方文献数据库建设 |
| A.3.6 | 文献资源整合 |
| A.4 | 服务工作 |
| A.4.1 | 免费开放 |
| A.4.1.1 | 公共空间免费开放 |
| A.4.1.2 | 基本服务免费提供 |
| A.4.2 | 普通服务 |
| A.4.2.1 | 每周开馆时间 |
| A.4.2.2 | 文献开架比例 |
| A.4.2.3 | 文献年外借册次 |
| A.4.2.4 | 文献年流通率 |
| A.4.2.5 | 馆外流动服务点文献年借阅册次 |
| A.4.2.6 | 年每千人接受服务次数 |
| A.4.2.7 | 文献推介 |
| A.4.2.8 | 政府公开信息服务 |
| A.4.3 | 参考咨询服务 |
| A.4.4 | 为特殊群体服务 |
| A.4.5 | 网站建设与服务 |
| A.4.6 | 社会教育活动 |
| A.4.6.1 | 年讲座、培训次数 |
| A.4.6.2 | 年展览次数 |
| A.4.6.3 | 年阅读推广活动次数 |
| A.4.6.4 | 活动宣传 |
| A.4.7 | 读者满意率 |
| A.5 | 协作协调 |
| A.5.1 | 参与上级图书馆组织的协作协调工作 |
| A.5.2 | 本地区图书馆服务体系建设 |
| A.5.2.1 | 本地区服务体系建设规划 |
| A.5.2.2 | 加入本地区服务体系的图书馆比例 |
| A.5.2.3 | 本地区服务体系内的文献资源共享 |
| A.5.3 | 基层辅导 |
| A.5.3.1 | 基层业务指导 |
| A.5.3.2 | 基层业务辅导与培训 |

**表1　县级公共图书馆评估指标一览表(续)**

| 指标序号 | 指标名称 |
|---|---|
| A.6 | 管理与表彰 |
| A.6.1 | 年度计划 |
| A.6.2 | 业务管理 |
| A.6.3 | 财务管理 |
| A.6.4 | 人力资源管理 |
| A.6.5 | 国有资产管理 |
| A.6.6 | 档案管理 |
| A.6.7 | 环境管理 |
| A.6.8 | 统计工作 |
| A.6.9 | 安全保卫 |
| A.6.10 | 上级表彰 |
| 注:上述指标的详细描述见附录A。 | |

# 附录 A
# （规范性附录）
# 评估指标描述

## A.1　设施设备

### A.1.1　建筑条件

#### A.1.1.1　建筑面积

**定义**：指图书馆建筑或建筑群的总面积。

注：改写 GB/T 13191—2009，定义 6.4.7.3。

**方法**：

——不包括正在扩建和尚未竣工的建筑面积、租赁的房屋、职工宿舍和临时建筑。

——指标值为：

a）基本值：800 平方米；

b）良好值：3000 平方米。

#### A.1.1.2　读者服务区比例

**定义**：指图书馆内读者服务区的面积占图书馆使用面积的百分比。

**方法**：

——读者服务区包括藏书区、借阅区、咨询服务区、公共活动与辅助服务区。

——计算公式：A/B × 100%

式中：

A——读者服务区面积，单位为平方米；

B——图书馆使用面积，单位为平方米。

——指标值为：

a）基本值：50%；

b）良好值：60%。

#### A.1.1.3　阅览座席数量

**定义**：指阅览室内可供读者使用的座位数。

**方法**：

——不含公众活动场所供读者休息、等候的座席。

——指标值为：

a）基本值：60 个；

b）良好值：240 个。

注：含指标 A.1.1.4。

#### A.1.1.4　少年儿童阅览室座席数量

**定义**：指少年儿童阅览室可供读者使用的座位数。

方法：

——单独设置的少年儿童活动空间，可根据“建标 108—2008”的规定，按“阅览座位使用面积：1.8—2.3$m^2$/座”折算阅览室座席数量。

——指标值为：

a）基本值：18 个；

b）良好值：72 个。

注：含在指标 A.1.1.3 中。

### A.1.2 现代化技术条件

#### A.1.2.1 计算机终端数量

定义：指图书馆内提供给读者和工作人员使用的计算机终端的数量。

方法：

——不包括已经淘汰、报废的计算机；

——指标值为：

a）基本值：30 台；

b）良好值：45 台。

注：含指标 A.1.2.2。

#### A.1.2.2 可供读者使用的计算机终端数量

定义：指图书馆内提供给读者使用的计算机终端的数量。

方法：

——指标值为：

a）基本值：20 台；

b）良好值：30 台。

注：含在指标 A.1.2.1 中。

#### A.1.2.3 网络带宽

定义：指图书馆接入因特网的通信线路的传输速率，即每秒钟可传输的最大字节数。

方法：

——指标值为：

a）基本值：2 兆位/秒（Mbps）；

b）良好值：10 兆位/秒（Mbps）。

#### A.1.2.4 存储容量

定义：指图书馆拥有的存储设备所能包含的数据的总量，以字节数来计量。

注：改写 GB/T 5271.12—2000，定义 12.02.21。

方法：

——不包含普通服务器、计算机的硬盘容量。

——指标值为：

a)基本值:4 万亿字节(TB)；

b)良好值:5 万亿字节(TB)。

#### A.1.2.5 自动化管理系统

**定义**:指图书馆用来收集、存储及分析数据的业务管理系统和供馆内工作人员使用的数据处理系统。

**方法**：

——重点考查图书馆业务工作自动化管理系统(含采访、编目、检索、流通等)和日常办公自动化管理系统(含人事、财务、设备、档案等)的建设情况以及各子系统之间的数据共享、互操作等。

## A.2 经费与人员

### A.2.1 经费

#### A.2.1.1 年财政拨款总额

**定义**:指图书馆一年内获得的各级政府部门的拨款总额。

**方法**：

——包括专项拨款。

——以实际到位的经费进行计算。

——指标值为：

a)基本值:25 万元；

b)良好值:120 万元。

#### A.2.1.2 财政拨款年增长率与当地财政收入年增长率的比率

**定义**:指图书馆获得财政拨款的年增长率与当地财政收入年增长率的百分比。

**方法**：

——包括专项经费。

——计算公式：$A/B \times 100\%$

式中：

A——财政拨款年增长率,单位为百分比；

B——本县财政收入年增长率,单位为百分比。

——指标值为：

a)基本值:70%；

b)良好值:100%。

#### A.2.1.3 年新增藏量购置费

**定义**:指图书馆在一年内用于购置各类型文献的经费总额。

**方法**：

——含数字资源购置费。

——指标值为：

a)基本值:4 万元；

b)良好值:10 万元。

### A.2.2 人员

#### A.2.2.1 大学专科以上学历人员比例

**定义:**指馆内大学专科以上学历人员占全馆员工总人数的百分比。

**方法:**

——全馆员工指图书馆的正式在编人员。

——计算公式:A/B ×100%

式中：

A——馆内大学专科以上学历的员工人数,单位为人；

B——全馆员工总人数,单位为人。

——指标值为：

a)基本值:30%；

b)良好值:50%。

#### A.2.2.2 中级以上职称人员比例

**定义:**指馆内获得中级以上职称人员占全馆员工总人数的百分比。

**方法:**

——全馆员工指图书馆的正式在编人员。

——计算公式:A/B ×100%

式中：

A——获得中级以上职称的图书馆正式在编员工人数,单位为人；

B——图书馆正式在编员工总人数,单位为人。

——指标值为：

a)基本值:15%；

b)良好值:30%。

#### A.2.2.3 领导班子履职能力

**定义:**指图书馆内馆级领导集体履行岗位职责的能力。

**方法:**

——重点考查领导班子的结构、推进事业发展的作为和社会的评价度等。

——重点考查领导班子成员的专业作为、专业职称、相关工作经历以及参加继续教育情况等。

#### A.2.2.4 员工年人均参与教育培训学时数

**定义:**指全馆员工一年内参加各类教育培训活动的平均学时数。

**方法：**

——包含在职学历教育和各类业务培训。

——全馆员工指图书馆的正式在编人员。

——计算公式：A/B

式中：

A——全馆员工年度接受岗位培训、继续教育的总学时，单位为学时；

B——全馆员工总人数，单位为人。

——指标值为：

a）基本值：40 学时；

b）良好值：50 学时。

#### A.2.2.5 业务研究

**定义：** 指全馆员工围绕图书馆业务工作，通过发表论文、出版专著、主持或参与研究项目，以及撰写调查研究报告等方式参与各类型业务研究活动的情况。

**方法：**

——全馆员工指图书馆的正式在编人员。

——重点考查图书馆正式在编员工取得各类科研成果的数量和质量。

## A.3 文献资源

### A.3.1 文献资源采选制度

**定义：**指图书馆以规章制度的形式确定下来的各类型文献资源的采选原则、目的、方法、重点领域、复本分配等基本要求。

**方法：**

——重点考查是否有“文献采选”的相关规章制度，若有，则考核规章制度中对各类文献（含电子文献和网上资源）的采集依据和工作要求的规定情况，对文献资源建设的特点和本县文献资源共建共享合理布局要求的体现以及文献采选制度的执行情况。

### A.3.2 文献资源入藏

#### A.3.2.1 总藏量

**定义：**指本馆已入藏的各类文献资料的数量之和。

**方法：**

——以册/件为单位计算。

——报纸、期刊以一个合订本为一册计算。

——包含电子文献。

——指标值为：

a）基本值：3 万册/件；

b）良好值：20 万册/件。

A.3.2.2　**电子图书藏量**

**定义**：指本馆以各种方式获得当前使用权的电子图书数量。

**方法**：

——以种为单位计算。

——包括图书馆通过采购、接受捐赠或调拨等方式获得，以及本馆自建或与其他机构合作建设的电子图书、电子报纸与电子期刊。

——不含随书光盘。

——同一种电子图书不重复计算。

——指标值为：

a）基本值：100 种；

b）良好值：500 种。

A.3.2.3　**年入藏量**

A.3.2.3.1　**图书年入藏量**

**定义**：指图书馆一年内入藏的各种来源（如采购、接受捐赠或调拨等）的中外文图书的总量。

**方法**：

——以种为单位计算。

——不含电子图书。

——指标值为：

a）基本值：500 种；

b）良好值：2500 种。

A.3.2.3.2　**报纸、期刊年入藏量**

**定义**：指图书馆一年内获得的各种来源（如采购、接受捐赠或调拨等）的中外文报纸和期刊的总量。

**方法**：

——以种为单位计算。

——不含电子报纸、期刊。

——指标值为：

a）基本值：30 种；

b）良好值：240 种。

A.3.2.3.3　**视听文献年入藏量**

**定义**：指图书馆一年内获得的各种来源的视听文献的总量。

**方法**：

——以种为单位计算。

——包括图书馆通过采购、接受捐赠或调拨等方式获得的视听文献。

——视听文献包括录音带、录像带、DVD、VCD、CD 唱片等。

——指标值为:

a)基本值:10 种;

b)良好值:30 种。

#### A.3.2.4 地方文献入藏

**定义:**指图书馆对本地区地方文献的收藏和管理情况。

**方法:**

——重点考查图书馆是否针对地方文献开展专门征集工作,是否为地方文献设置专门收藏和服务空间,是否已编制地方文献专门目录,是否安排有专人对地方文献进行管理等。

### A.3.3 文献资源编目

#### A.3.3.1 文献资源编目标准化

**定义:**指图书馆依据有关国家标准或行业标准对馆藏各类型文献进行编目的情况。

**方法:**

——重点考查馆藏中外文普通图书、少数民族图书、古籍文献、期刊与报纸文献、视听文献、数字文献等的编目情况。

——考查内容包括:

a)是否依据有关国家标准和行业标准进行编目;

b)本馆是否有相关编目细则,以及细则执行情况。

#### A.3.3.2 文献资源编目时效

**定义:**指馆藏各类文献从到馆到完成记到和编目所花费时间的情况。

**方法:**

——重点考查普通图书、期刊、报纸、视听文献等文献的编目时效。

——普通图书和视听文献一般在到馆 20 个工作日内完成编目;期刊、报纸一般在到馆 2 个工作日内完成记到。

#### A.3.3.3 机读目录编制比例

**定义:**指馆藏文献按机读目录格式编制机读目录的比例。

**方法:**

——计算公式:

式中:$A/B \times 100\%$

A——已编制机读目录的馆藏文献总数,单位为种;

B——馆藏各类型文献总数,单位为种。

——指标值为:

a)基本值:40%;

b)良好值:80%。

注:本指标的各类型馆藏文献不包含数字资源。

### A.3.4 藏书组织管理

#### A.3.4.1 加工整理质量

**定义**:指图书馆对已入藏文献进行登记、入账等工作的情况。

**方法**:

——重点考查图书馆已入藏各类图书、期刊、报纸的书标、登录号、馆藏章等是否完整、规范。

#### A.3.4.2 开架文献排架

**定义**:指对图书馆开架文献的管理维护情况。

**方法**:

——重点对开架图书馆的排架正确率和架位维护管理情况进行考查:

a)开架正确率是否达到 GB/T 28220—2011 的要求,即"县市级图书馆的开架图书排架正确率不低于 96%";

b)架位维护管理情况主要考查是否有专门制度和专门人员。

#### A.3.4.3 目录

**定义**:指图书馆为各类文献建立卡片目录或机读目录以方便用户查找的情形。

**方法**:

——重点考查图书馆是否已经为大多数文献资料建立了专门目录(包括卡片目录和机读目录),是否安排专人对这些目录进行管理、维护,是否为用户利用这些目录检索文献提供相应的辅导帮助等。

#### A.3.4.4 文献资源保护

**定义**:指图书馆为防止、遏止或延缓文献退变及损害所采取的干预技术和抢救、修复受损文献的工作。

注:改写 GB/T 4894—2009,定义 4.6.1.3。

**方法**:

——含普通馆藏文献、数字文献、古籍文献等的保护工作。

——重点考查文献保护的规章制度、设施设备、书库是否达标以及文献保护的效果等方面内容。

### A.3.5 数字资源建设

#### A.3.5.1 数字资源本地存储量

**定义**:指图书馆通过各种方式获得并储存在本地的数字资源量。

**方法**:

——指标值为:

a)基本值:1 万亿字节(TB);

b)良好值:4 万亿字节(TB)。

#### A.3.5.2 地方文献数据库建设

**定义：**指图书馆对地方文献进行数字化加工、存储、组织、揭示和管理的工作。

**方法：**

——重点考查地方文献数据库的建设内容和建设规模。

### A.3.6 文献资源整合

**定义：**指图书馆将各种载体的信息资源，根据一定原则进行评价、组织和揭示等，重新组合成一个效能更高的信息资源体系的工作。

**方法：**

——重点考查图书馆资源整合的方法、范围、效果等。

## A.4 服务工作

### A.4.1 免费开放

#### A.4.1.1 公共空间免费开放

**定义：**指图书馆内公共空间的设施和场地的开放及免费情况。

**方法：**

——重点考查一般阅览室、少年儿童阅览室、多媒体阅览室（电子阅览室）、报告厅（培训室、综合活动室）、自修室等公共空间的开放情况及是否免费。

#### A.4.1.2 基本服务免费提供

**定义：**指图书馆各项基本文化服务项目的提供及免费情况。

**方法：**

——重点考查文献资源借阅、检索与咨询、公益性讲座和展览、基层辅导、流动服务等基本文化服务项目是否健及免费提供情况；并考查为保障上述基本职能实现的一些辅助性服务，如办证、验证及存包等免费情况。

注：基本公共文化服务项目将随着社会的不断发展、政府财力的增长和人民群众精神文化需求的不断增长而发展变化。所以，在实际评估时，可结合实际情况就上述考查的内容进行调整。

### A.4.2 普通服务

#### A.4.2.1 每周开馆时间

**定义：**指通常情况下，图书馆在一周内提供主要服务（如文献借阅服务、参考咨询服务）的时间。

**方法：**

——周六和周日两天都闭馆的图书馆，评估时该指标不得分。

——本指标所指主要服务不包括自助服务。

——指标值为：

a）基本值：56 小时；

b)良好值:60小时。

### A.4.2.2 文献开架比例

**定义:**指图书馆开架或半开架文献占本馆可供借阅文献的比例。

**方法:**

——重点考查印刷型普通图书和报纸、期刊资料的开架比例,不含电子图书和电子报纸、电子期刊。

——计算公式:A/B×100%

式中:

A——图书馆开架或半开架文献总数,单位为册/件;

B——图书馆可提供借阅的文献总数,单位为册/件。

——指标值为:

a)基本值:50%;

b)良好值:80%。

### A.4.2.3 文献年外借册次

**定义:**指一年内通过本馆或本馆所辖分馆以及本馆派出的馆外服务点借出的本馆各类型文献的数量。

**方法:**

——以册次为单位计算。

——指标值为:

a)基本值:2万册次;

b)良好值:10万册次。

**注:**含指标A.4.2.5。

### A.4.2.4 文献年流通率

**定义:**指一年内图书馆文献流通的数量与可供借阅的馆藏文献总量之间的比率。

**注:**改写GB/T 29182—2012/ISO 11620:2008,定义B.2.1.1.3。

**方法:**

——文献年流通数量包括一年内被外借的数量和读者在馆阅览的数量之和。

——计算公式:A/B×100%

式中:

A——一年内图书馆文献年流通数量,单位为册次;

B——图书馆馆藏文献总量,单位为册/件。

——指标值为:

a)基本值:20%;

b)良好值:70%。

### A.4.2.5 馆外流动服务点文献年借阅册次

**定义:**指一年内通过本馆馆外流动服务点(含流动图书车、自助图书馆等)借出的本馆各类型文献的数量。

**方法**:

——以册次为单位计算。

——指标值为:

a)基本值:500 册次/年;

b)良好值:5000 册次/年。

注:含在指标 A.4.2.3 中。

#### A.4.2.6 年每千人接受服务次数

**定义**:指一年内,每一千位常住人口接受图书馆服务的次数。

**方法**:

——计算公式:A/B×1000

式中:

A——年服务总人次,指一年内接受图书馆服务的总人次,包括到馆服务和非到馆服务,单位为次;

B——全县常住人口数量,以本地区统计年鉴数据为准,单位为人。

——指标值为:

a)基本值:80 次/千人;

b)良好值:100 次/千人。

#### A.4.2.7 文献推介

**定义**:指图书馆在馆内或馆外利用各种方式开展的馆藏文献宣传、介绍、推广等活动。

**方法**:

——重点考查书刊宣传活动的次数、方法、效果等。

#### A.4.2.8 政府公开信息服务

**定义**:指图书馆利用政府公开信息提供服务的情况。

**方法**:

——重点考查政府信息公开服务的内容、方法、效果等。

### A.4.3 参考咨询服务

**定义**:指图书馆通过口头或书面形式解答读者在利用图书馆提供的资源或服务过程中遇到的各种问题,提供获得文献资料的途径、方法,并编制书目、索引、文摘等供读者使用。

**方法**:

——包括为本地区教育、科研和企事业单位服务,以及为社会公众提供专题服务等。

——重点考查科技查新、定题服务、二/三次文献编制等。

### A.4.4 为特殊群体服务

**定义**:指图书馆为由于各种原因在获取和利用文献信息资源方面存在特殊困难的人群提供有针对性的服务。

**方法：**

——重点考查为残疾人服务情况、为进城务工人员服务情况、为未成年人服务情况以及为老年人服务情况。

### A.4.5 网站建设与服务

**定义：**指图书馆在特定域名下制作和发布一系列网页内容，并通过这些网页为用户提供网络化服务。

**方法：**

——包括网页结构、内容、设计、维护、管理与更新等。

——重点考查网上服务信息发布、馆藏书目查询、网上预约（可含电话预约）、网上续借（可含电话续借）、虚拟参考咨询开展情况等。

### A.4.6 社会教育活动

注：用一个社会教育活动在指标 A.4.6.1、A.4.6.2、A.4.6.3 中不重复计算。

#### A.4.6.1 年讲座、培训次数

**定义：**指一年内本馆独立或与社会组织联合在馆内或馆外举办的面向社会公众的各类讲座、培训活动的次数。

**方法：**

——指标值为：

a）基本值：9 次；

b）良好值：18 次。

#### A.4.6.2 年展览次数

**定义：**指一年内本馆独立或与社会组织联合在馆内或馆外举办面向社会公众的展览的次数。

**方法：**

——展览活动以次为单位计算。

——指标值为：

a）基本值：1 次；

b）良好值：5 次。

#### A.4.6.3 年阅读推广活动次数

**定义：**指一年内本馆独立或与社会组织联合在馆内或馆外举办的面向社会公众的阅读推广活动的次数。

**方法：**

——阅读推广活动以次为单位计算。

——指标值为：

a）基本值：4 次；

b）良好值：12 次。

#### A.4.6.4 活动宣传

**定义：**指图书馆在馆内或馆外利用各种方式对本馆开展的各类社会教育活动进行宣传、介绍和推广

的情况。

**方法:**

——包括对图书馆组织开展服务宣传周、全民读书月、世界图书与版权日等主题活动的考查。

——重点考查这些宣传活动的内容、方式、渠道、频率、效果等。

### A.4.7 读者满意率

**定义:**指读者对图书馆的需求或期望的被满足程度。

注:改写 GB/T 19000—2008,定义 3.1.4。

**方法:**

——可由评估主体自主或委托第三方机构对被评估图书馆的读者进行问卷调查,问卷内容应包括图书馆的设施设备、馆藏资源、服务内容、服务质量及员工素质等(参见附录 B)。

——调查问卷发放数量应不少于 200 份,其中有效问卷总数应不少于 160 份。

——计算公式:A/B ×100%

式中:

A——满意问卷份数,单位为份;

B——有效问卷份数,单位为份。

——指标值为:

a)基本值:80%;

b)良好值:95%。

## A.5 协作协调

### A.5.1 参与上级图书馆组织的协作协调工作

**定义:**指图书馆参与上级图书馆及相关机构组织的图书馆间互相配合、协力开展的工作的情况。

**方法:**

——重点考查被评估图书馆的参与程度、参与内容、工作效果、工作方法等方面内容。

### A.5.2 本地区图书馆服务体系建设

#### A.5.2.1 本地区服务体系建设规划

**定义:**指对本地区的图书馆间通过合作方式提供的图书馆服务总和的计划和安排。

**方法:**

——重点考查图书馆是否有关于服务体系建设的规划部署,以及该规划部署的科学性、完整性和可操作性等。

#### A.5.2.2 加入本地区服务体系的图书馆比例

**定义:**指本地区参加服务体系建设的乡镇(街道)、村(社区)图书馆(室)占全县乡镇(街道)、村(社区)图书馆(室)的百分比。

方法：

——计算公式：A/B × 100%

式中：

A——参与本地区服务体系建设的县以下基层图书馆及图书馆服务网点数量，单位为个；

B——本地区县以下基层图书馆及图书馆服务网点总数，单位为个。

——指标值为：

a）基本值：5%；

b）良好值：40%。

### A.5.2.3　本地区服务体系内的文献资源共享

定义：指文献信息资源在本地区服务体系内各级图书馆之间实现共知、共建、共用的活动。

方法：

——重点考查文献资源共享的方式、内容、规模及效益等方面内容。

## A.5.3　基层辅导

### A.5.3.1　基层业务指导

定义：指图书馆为本地区县以下图书馆及图书馆服务网点的业务发展提供的帮助与引导。

方法：

——重点考查业务指导的方式、内容及成效等。具体包括：对本地区基层图书馆及图书馆服务网点的业务发展情况进行常规的统计分析；编辑工作通讯；对本地区基层图书馆和图书馆服务网点进行自动化管理方面的指导；对本地区图书馆事业建设的综合性报告等。其中，对本地区图书馆事业建设的综合性报告，要求主题明确，有事实、有数据、有分析和建议，不少于3000字。

### A.5.3.2　基层业务辅导与培训

定义：指针对本地区各级公共图书馆业务建设开展的各类辅助指导和培训活动。

方法：

——重点考查辅导与培训工作的方式、内容、数量及效果等。具体包括：基层辅导工作的计划、总结、经费投入；业务辅导活动的数量、参加人数和成效等。其中，每年业务培训应不少于2次。

# A.6　管理与表彰

## A.6.1　年度计划

定义：指图书馆在每年度之初针对本馆一年内主要目标、任务及重点工作计划而做出的统一部署和安排。

方法：

——重点考查图书馆年度计划的科学性、完整性、连贯性和可操作性。

## A.6.2　业务管理

定义：指为保证图书馆业务工作的正常开展而对业务活动所实施的管理。

方法:

——重点考查业务规章制度建设和执行情况、业务规范化程度及业务管理考核监督机制建设情况等。

——重点考查读者工作管理情况,包括读者需求调查、读者意见反馈处理等。

A.6.3 财务管理

定义:指图书馆对资金的筹集、使用、耗费、收入和分配进行计划、组织、控制、核算和分析,并对资金运动中图书馆与各方面的财务关系进行处理和协调的各项管理工作的总称。

方法:

——重点考查财务制度建设及其执行情况,以及有关部门对图书馆财务进行的审计结果等。

A.6.4 人力资源管理

定义:指图书馆对本馆工作人员的录用、调配、晋级、培训、奖惩等事宜所实施的管理及对参与图书馆工作的志愿者人员的招募、培训、使用等事宜所实施的管理。

方法:

——工作人员管理重点考查岗位管理情况及人员聘用、考核、分配激励机制等。

——志愿者管理重点考查志愿者的管理制度、队伍规模以及参与图书馆工作的情况。

A.6.5 国有资产管理

定义:指图书馆对本馆各类国有资产的储备、分配、使用及订购等进行的计划、组织和调节。

方法:

——重点考查设备、物资等国有资产管理的制度建设与制度执行情况。

A.6.6 档案管理

定义:指图书馆对工作中产生的各类档案资料进行收集、整理、保管、鉴定、统计和提供利用的工作过程。

方法:

——包括人事档案、业务档案、工程项目档案等。

——重点考查各类档案是否健全,资料是否翔实,归档是否及时,装订是否整齐,管理是否规范等。

A.6.7 环境管理

定义:指图书馆为给读者提供舒适的环境而进行的综合性管理活动。

方法:

——重点考查阅读学习设施的配备的运行及维护情况;馆内公共空间整洁、美观、安静程度;馆内标牌规范程度等。

A.6.8 统计工作

定义:指图书馆利用各种科学方法,搜集、整理、分析、研究和提供各种统计资料的工作过程。

方法:

——重点考查人事管理统计、财务统计、业务工作统计等统计资料的齐全程度及其分析、研究和利用情况等。

A.6.9 安全保卫

**定义**：指图书馆为保障安全和预防各类意外事故发生而进行的综合管理活动。

**方法**：

——重点考查人员安全、数据及网络安全、应急预案建设等方面内容。

——图书馆需具备当地公安、消防部门出具的消防合格材料。

A.6.10 上级表彰

**定义**：指图书馆获得各级政府主管部门授予的各类表彰与奖励的情况。

**方法**：

——根据表彰级别采取分级赋权换算的方式计算。

——计算公式：$A \times v + B \times w + C \times x + D \times y + E \times z$

式中：

A——获得国家级表彰与奖励的次数，单位为次；

B——获得国务院业务主管部门及省级党委、政府表彰与奖励的次数，单位为次；

C——获得省级业务主管部门及市级党委、政府表彰、奖励的次数，单位为次；

D——获得市级业务主管部门及县级党委、政府表彰、奖励的次数，单位为次；

E——获得县级业务主管部门表彰、奖励的次数，单位为次；

v——国家级表彰与奖励的权重值，取值为40%；

w——国务院业务主管部门及省级党委、政府表彰与奖励的权重值，取值为30%；

x——省级业务主管部门及市级党委、政府表彰与奖励的权重值，取值为15%；

y——市级业务主管部门及县级党委、政府表彰与奖励的权重值，取值为10%；

z——县级业务主管部门表彰与奖励的权重值，取值为5%。

——同一项目获多项奖励时，按最高级别奖项计分，不重复计算。

——在具体评估时，该项指标应限定最高分值，各类项目加权求和之后，所得分数不得高于该指标最高分值。

# 附录 B
## （资料性附录）
## 读者满意率调查表

读者朋友，您好：

为了更好地满足您的需求，提高图书馆的服务质量和水平，我们特邀请您参与“读者调查”活动，望能得到您的支持。本次调查重点了解您对以下 13 项内容的满意程度，请您根据实际感受分别在其后“满意”“基本满意”“不满意”所对应的方框内画“√”。谢谢您的合作！

| | 满意 | 基本满意 | 不满意 |
|---|---|---|---|
| **一、服务环境** | | | |
| 1. 馆舍环境、阅览环境 | □ | □ | □ |
| 2. 信息化设施设备（计算机、复印机、网络设施等） | □ | □ | □ |
| 3. 服务导引说明及相关标示标牌 | □ | □ | □ |
| **二、文献资料** | | | |
| 4. 图书、报纸、期刊及音像资料 | □ | □ | □ |
| 5. 数字资源（各类数据库、网络资源等） | □ | □ | □ |
| **三、服务内容及质量** | | | |
| 6. 开放时间 | □ | □ | □ |
| 7. 目录查询及文献借阅 | □ | □ | □ |
| 8. 解答咨询 | □ | □ | □ |
| 9. 读者活动（讲座、展览、阅读推广活动等） | □ | □ | □ |
| 10. 对图书馆书刊文献及服务活动的宣传和推介 | □ | □ | □ |
| 11. 读者反映意见的渠道及其处理 | □ | □ | □ |
| **四、工作人员** | | | |
| 12. 工作人员的专业水平 | □ | □ | □ |
| 13. 工作人员的服务态度 | □ | □ | □ |

**您的基本情况：**

1. 年龄：16 岁以下□　17—30 岁□　31—45 岁□　45—60 岁□　60 岁以上□
2. 身份：学生□　工人□　农民□　教师□　机关干部□　科研技术人员□　军人□
   公司职员□　自由职业者□　离退休人员□　其他□

**您认为本馆目前最需要解决的问题是什么？欢迎提出意见和建议。**

注：正确填答问卷中 10 项及以上的为有效问卷；填写“满意”“基本满意”的项目总计 8 项及以上的为满意问卷。

# 参考文献

[1] GB/T 11391　信息与文献　图书馆统计[S](GB/T 11391—2009,ISO 2789:2006,IDT)

[2] GB/T 29182　信息与文献　图书馆绩效指标[S](GB/T 29182—2012,ISO 11620:2008,IDT)

[3] GB/T 4894　信息与文献　术语[S](GB/T 4894—2009,ISO 5127:2001,MOD)

[4] 文化部,财政部.关于推进全国美术馆公共图书馆文化馆(站)免费开放工作的意见(文财务发〔2011〕5 号)[OL].[2014-01-21]. http://www.gov.cn/zwgk/2011-02/14/content_1803021.htm

[5] Wisconsin Public Library Standards[OL].[2013-11-21]. http://pld.dpi.wi.gov/pld_standard

[6] Public Library Service Standards[OL].[2013-11-22]. https://www.gov.uk/government/publications? keywords=Public+Library+Service+Standards+&publication_filter_option=all&topics%5B%5D=arts-and-culture&departments%5B%5D=all&world_locations%5B%5D=all&from_date=&to_date=&commit=Refresh+results

[7] Standards, Guidelines and Benchmarks for Public Library Services in Australia and Overseas: A Guide to Resources [OL].[2012-05-26]. http://www.alia.org.au/governance/committees/public.libraries/standards.html

[8] 公共圖書館設立及營運基準[OL].[2013-11-21]. http://www.lins.fju.edu.tw/mao/pl/plstandard.htm

**ICS** 01. 140
**A** 14
备案号:48942－2015

# WH

# 中华人民共和国文化行业标准

**WH/T 70. 4—2015**

# 公共图书馆评估指标
# 第4部分:省级少年儿童图书馆

**Public library assessment indicators**
**Part 4: provincial children's library**

2015－01－09 发布　　2015－04－01 实施

中华人民共和国文化部　发布

# 目　次

# 前　言

WH/T 70《公共图书馆评估指标》系列标准包括6个部分：

——第1部分：省级公共图书馆

——第2部分：市级公共图书馆

——第3部分：县级公共图书馆

——第4部分：省级少年儿童图书馆

——第5部分：市级少年儿童图书馆

——第6部分：县级少年儿童图书馆

本部分为公共图书馆评估指标系列标准的第4部分。

本部分按照GB/T 1.1—2009给出的规则起草。

请注意本文件的某些内容可能涉及专利，本部分的发布机构不承担识别这些专利的责任。

本部分由中华人民共和国文化部提出。

本部分由全国图书馆标准化技术委员会（SAC/TC 389）归口。

本部分主要起草单位：国家图书馆。

本部分参与起草单位：天津市少年儿童图书馆、深圳少年儿童图书馆。

本部分主要起草人：刘小琴、汪东波、胡洁、支娟、李彬、白雪华、尹寿松、张剑、李俊国、宋卫。

附录A为规范性附录，对评估指标进行详细描述。

附录B为资料性附录，对读者满意率调查的内容进行描述。

# 引　　言

图书馆评估对于提升各级公共图书馆业务建设和服务工作能力，提高图书馆科学化管理水平，促进图书馆事业快速发展具有重要意义。文化部自1994年开始组织全国县及县以上公共图书馆评估定级工作以来，曾先后于1994年、1998年、2004年、2009年、2013年五次在全国开展公共图书馆评估定级工作。

本部分在上述五次《公共图书馆评估标准》的基础上，建立一套省级少年儿童图书馆评估的指标体系，主要对指标定义、方法等内容做出规定，旨在为全国省级少年儿童图书馆的评估提供指标依据。

# 公共图书馆评估指标
# 第4部分:省级少年儿童图书馆

## 1 范围

本部分规定了省级少年儿童图书馆评估指标体系的构成,确定了省级少年儿童图书馆设施设备、经费与人员、文献资源、服务工作、协作协调、管理与表彰等6大方面的评估指标。

本部分适用于独立建制的省级少年儿童图书馆,副省级城市少年儿童图书馆可参照执行。

## 2 规范性引用文件

下列文件对本文件的应用是必不可少的。凡是注日期的引用文件,仅注日期的版本适用于本文件。凡是不注明日期的引用文件,其最新版本(包括所有的修改单)适用于本文件。

GB/T 28220—2011 公共图书馆服务规范

建标 108—2008 公共图书馆建设标准

## 3 术语和定义

下列术语和定义适用于本文件。

3.1

**省级少年儿童图书馆 provincial children's library**

由省级人民政府投资兴办的主要面向18周岁以下人群开放的图书馆,是通过提供图书等文献资料、开展阅读指导推广活动等方式,满足少年儿童学习科学文化知识需求,促进少年儿童综合素质发展的公益性公共文化与社会教育设施。

3.2

**评估 evaluation**

对图书馆服务或设施的效益、效率、利用率和相关性的评价过程。

[GB/T 29182—2012,定义2.17]

3.3

**专项拨款 special grant**

为特定项目提供的非经常性资金(或部分资金)。

[GB/T 13191—2009,定义3.5.4]

3.4

**数字资源 digital resource**

以数字形式存储的带有特定内容的信息单元,作为图书馆馆藏的一部分。

注:改写 GB/T 13191—2009,定义3.2.12。

3.5

**数据库 database**

以电子形式存储的描述性记录或者内容单元的集合(包括事实、全文、图像和声音),并带有统一的用户界面及检索、处理数据的软件。

注:改写 GB/T 13191—2009,定义 3.2.10

3.6

**视听文献 audio visual materials**

利用声像技术直接记录声音、图像等,然后通过播放手段给人以听觉、视觉感受的文献。

注:一般分为录音资料、录像资料和音像资料三种类型,包括录音带、唱片、幻灯片、电影片、电视片、录像带和光盘等。

3.7

**延伸服务 outreach services**

图书馆为方便读者而通过在馆外设立分馆、开通流动图书车、设置自助图书借还设备等方式扩大服务范围的活动。

3.8

**志愿者 volunteer**

不为物质报酬,基于良知、信念和责任,志愿参加图书馆工作的人。

[GB/T 13191—2009,定义 3.6.6]

## 4 总则

### 4.1 评价指标

4.1.1 本部分可用于对图书馆建设、管理与服务水平与其职能目标之间的契合程度进行评价,也可用于对不同图书馆之间的建设、管理与服务水平进行横向比较。

4.1.2 本部分的指标体系包括设施设备、经费与人员、文献资源、服务工作、协作协调、管理与表彰6个方面。其中,设施与设备指标用于评估图书馆的建筑条件及设施设备配置满足图书馆开展日常服务活动及相关辅助工作需求的情况,经费与人员指标用于评估图书馆的经费与人员保障水平,文献资源指标用于评估图书馆的文献资源建设及发展情况是否能够满足其基本服务需求,服务工作指标用于评估图书馆开展各类型用户服务的能力与效能,协作协调指标用于评估图书馆在地区图书馆服务体系建设中所做的工作及发挥的作用,管理与表彰指标用于评估图书馆内部组织管理制度的健全程度、监督执行情况及获得各级表彰的情况。

### 4.2 评价方法

4.2.1 本部分包含定量和定性两类指标,附录A对两类指标的评估方法做出了规定。

4.2.2 定量指标包含基本值和良好值两档,"基本值"为省级少年儿童图书馆在该指标上的表现被评定为"达标"应达到的最低值,"良好值"为省级少年儿童图书馆在该指标上的表现被评定为"良好"时应达到最低值。评估时一般通过统计和计算获得相应指标值,对照指标要求衡量图书馆在该指标上的现实水平;不能实现全面统计的定量指标可采用抽样方法进行换算,但应说明抽样统计的原则及具体换算方法。

4.2.3　定性指标规定重点考查因素或重点考查内容。在具体评估实践中，应确定各个评估指标需提供的评估参考资料，包括资料类型（或内容）、资料提供方式、资料提供主体等。

## 4.3　评估指标的取舍与扩展

4.3.1　本部分提出的是一套针对省级少年儿童图书馆所有工作方面进行评估的综合指标体系，可以根据实际需要，与其他针对特定目的的独立评估指标体系（如各大重点文化工程评估指标等）配套使用。

4.3.2　在实际评估工作中，可根据评估目的和实际需要选择本部分规定的全部或部分评估指标进行评估。但无论评估目的为何，用户满意率作为一项必备的评估内容都应包含在内，附录B对用户满意率的评估内容和方法做出了规定。

4.3.3　本部分规定的指标体系中不能涵盖的评估内容，可根据实际需要增加新的指标。为细化某一指标的考查内容和要求，也可在已有指标下增设下位指标，但新增下位指标不得超出原指标的语义范畴。应在附录A中对各新增指标的定义和方法进行详细说明。

4.3.4　本部分定量指标设置基本值和良好值两档，在实际评估中，可根据需要细分指标值，也可适当调整指标值，如少年儿童图书馆发展较好的地区可提高基本值，但最低值不能低于本部分中规定的基本值。

## 4.4　评估指标的权重系数及打分标准

在评估之前，应确定各指标的权重系数和打分标准。“权重系数”指每个指标在上一级指标体系和整个指标体系中所占的分值比例；“打分标准”指如何给一项指标划分分值档次，以及每档分值的具体给分依据和标准。

## 4.5　数据获取

在具体评估实践中，应确定各定量指标的数据统计要求及应提供的相关证明材料。其中，数据统计可以统计评估当年或上一年度的数据，或者取一个评估周期内各年度的平均值，证明材料主要包括相应的报表、文件、证书等。

# 5　省级少年儿童图书馆评估指标

省级少年儿童图书馆评估指标见表1：

**表1　省级少年儿童图书馆评估指标一览表**

| 指标序号 | 指标名称 |
|---|---|
| A.1 | 设施与设备 |
| A.1.1 | 建筑条件 |
| A.1.1.1 | 馆舍建筑面积 |
| A.1.1.2 | 读者用房面积比例 |
| A.1.1.3 | 阅览座席数量 |
| A.1.1.4 | 低幼儿童玩具区域面积 |
| A.1.2 | 现代化技术装备 |

**表1　省级少年儿童图书馆评估指标一览表(续)**

| 指标序号 | 指标名称 |
|---|---|
| A.1.2.1 | 计算机数量 |
| A.1.2.2 | 读者用机数量 |
| A.1.2.3 | 网络带宽 |
| A.1.2.4 | 图书馆自动化管理系统 |
| A.2 | 经费与人员 |
| A.2.1 | 经费 |
| A.2.1.1 | 年财政拨款数额 |
| A.2.1.2 | 财政拨款年增长率与当地财政收入增长率的比率 |
| A.2.1.3 | 年新增藏量购置费 |
| A.2.2 | 人员 |
| A.2.2.1 | 大学本科以上学历人员比例 |
| A.2.2.2 | 高级职称人员比例 |
| A.2.2.3 | 中级职称人员比例 |
| A.2.2.4 | 领导班子履职能力 |
| A.2.2.5 | 员工年人均教育培训学时数 |
| A.2.2.6 | 业务研究 |
| A.2.2.6.1 | 员工年人均发表论文数量 |
| A.2.2.6.2 | 科研立项数量 |
| A.3 | 文献资源 |
| A.3.1 | 总藏量 |
| A.3.2 | 文献入藏 |
| A.3.2.1 | 图书年入藏数量 |
| A.3.2.2 | 报纸、期刊年入藏数量 |
| A.3.2.3 | 低幼读物年入藏数量 |
| A.3.2.4 | 视听文献年入藏数量 |
| A.3.3 | 文献采选 |
| A.3.4 | 文献编目 |
| A.3.5 | 文献保护 |
| A.3.6 | 数字资源总量 |
| A.3.7 | 资源整合 |
| A.4 | 服务工作 |
| A.4.1 | 免费开放 |
| A.4.2 | 普通服务 |
| A.4.2.1 | 每周开馆时间 |
| A.4.2.2 | 年服务总人次 |
| A.4.2.3 | 文献年外借册次 |

表 1　省级少年儿童图书馆评估指标一览表(续)

| 指标序号 | 指标名称 |
|---|---|
| A.4.2.4 | 开架文献数比例 |
| A.4.2.5 | 图书加工处理时间 |
| A.4.2.6 | 特殊少年儿童读者服务 |
| A.4.3 | 网络服务 |
| A.4.3.1 | 图书馆网站建设与服务 |
| A.4.3.2 | 年网站访问量 |
| A.4.4 | 社会教育活动 |
| A.4.4.1 | 年读者活动场次 |
| A.4.4. 2 | 年读者活动参加人次 |
| A.4.4.3 | 活动宣传 |
| A.4.5 | 延伸服务 |
| A.4.5.1 | 延伸服务点数量 |
| A.4.5.2 | 延伸服务点文献借阅人次 |
| A.4.5.3 | 延伸服务点文献借阅册次 |
| A.4.6 | 读者满意率 |
| A.5 | 协作协调 |
| A.5.1 | 业务辅导与培训 |
| A.5.1.1 | 业务辅导 |
| A.5.1.2 | 年业务培训次数 |
| A.5.2 | 社会合作 |
| A.6 | 管理与表彰 |
| A.6.1 | 人力资源管理 |
| A.6.2 | 财务管理 |
| A.6.3 | 设备、物资管理 |
| A.6.4 | 档案管理 |
| A.6.5 | 统计管理 |
| A.6.6 | 环境管理 |
| A.6.7 | 安全管理 |
| A.6.8 | 表彰与奖励 |
| 注:上述指标的详细描述见附录 A。 | |

# 附录 A
# (规范性附录)
# 评估指标描述

## A.1 设施与设备

### A.1.1 建筑条件

#### A.1.1.1 馆舍建筑面积

**定义**:指图书馆建筑或建筑群的总面积。

**方法**:

——不包括正在扩建和尚未竣工的建筑面积、租赁的房屋以及职工宿舍和临时建筑。

——指标值为:

a)基本值:3000 平方米;

b)良好值:6000 平方米。

#### A.1.1.2 读者用房面积比例

**定义**:指图书馆内为读者提供的阅览室等场所面积占图书馆使用面积的百分比。

**方法**:

——含专门阅览室、外借处、开架书库、多媒体视听室,电子阅览室、多功能厅、报告厅、自习室等读者可以进出的场所,不含阅览室中的闭架书库。

——计算公式:A/B ×100%

式中:

A——读者用房面积,单位为平方米;

B——图书馆使用面积,单位为平方米。

——指标值为:

a)基本值:40%;

b)良好值:60%。

#### A.1.1.3 阅览座席数量

**定义**:指阅览室内可供读者使用的座位数。

**方法**:

——含多媒体视听室、电子阅览室座席,不含公众活动场所供读者休息、等候的座椅,不含多功能厅、报告厅座席。

——指标值为:

a)基本值:150 个;

b)良好值:450 个。

#### A.1.1.4 低幼儿童玩具区域面积

**定义**:指专为 6 岁以下儿童提供的玩具区域面积。

**方法：**

——指标值为：

a）基本值：20 平方米；

b）良好值：50 平方米。

### A.1.2 现代化技术装备

#### A.1.2.1 计算机数量

**定义：**指可供读者和工作人员正常使用的计算机数量。

**方法：**

——指标值为：

a）基本值：45 台；

b）良好值：65 台。

注：含指标 A.1.2.2。

#### A.1.2.2 读者用机数量

**定义：**指在读者活动区域（含电子阅览室）供读者正常使用的计算机数量。

**方法：**

——指标值为：

a）基本值：20 台；

b）良好值：40 台。

注：含在指标 A.1.2.1 中。

#### A.1.2.3 网络带宽

**定义：**指图书馆接入因特网的通信线路的传输速率，即每秒钟可传输的最大字节数。

**方法：**

——指标值为：

a）基本值：60 兆位/秒（Mbps）；

b）良好值：150 兆位/秒（Mbps）。

#### A.1.2.4 图书馆自动化管理系统

**定义：**指图书馆用来收集、存储及分析数据的业务管理系统和供馆内工作人员使用的数据处理系统。

**方法：**

——重点考查图书馆业务工作自动化管理系统（含采访、编目、检索、借阅等）、日常办公自动化管理系统（含人事、财务、设备、档案等）的建设情况以及各子系统之间的互联。

## A.2 经费与人员

### A.2.1 经费

#### A.2.1.1 年财政拨款数额

**定义**:指图书馆一年内获得的各级政府部门的拨款。

**方法**:

——包括专项拨款。

——以实际到位的经费进行计算。

——指标值为:

a)基本值:150 万元;

b)良好值:300 万元。

#### A.2.1.2 财政拨款年增长率与当地财政收入增长率的比率

**定义**:指图书馆获得的财政拨款年增长率与本省财政收入年增长率的百分比。

**方法**:

——包括专项经费。

——计算公式:$A/B \times 100\%$

式中:

A——图书馆获得的省级财政拨款的年增长率,单位为百分比;

B——本省财政收入增长率,单位为百分比。

——指标值为:

a)基本值:70%;

b)良好值:100%。

#### A.2.1.3 年新增藏量购置费

**定义**:指本馆一年间用于购置各类型文献的经费总额。

**方法**:

——含数字资源购置费。

——指标值为:

a)基本值:80 万元;

b)良好值:150 万元。

### A.2.2 人员

#### A.2.2.1 大学本科以上学历人员比例

**定义**:指馆内大学本科以上学历人员占全馆员工总人数的百分比。

**方法**:

——全馆员工指图书馆正式在编人员。

——计算公式:A/B×100%

式中:

A——馆内大学本科以上学历的人数,单位为人;

B——全馆员工总人数,单位为人。

——指标值为:

a)基本值:25%;

b)良好值:40%。

### A.2.2.2 高级职称人员比例

**定义:**指馆内获得高级及副高级职称的员工人数占全馆员工总人数的百分比。

**方法:**

——全馆员工指图书馆正式在编人员。

——计算公式:A/B×100%

式中:

A——馆内获得高级及副高级职称人员的总数;

B——全馆员工总人数。

——指标值为:

a)基本值:5%;

b)良好值:10%。

### A.2.2.3 中级职称人员比例

**定义:**指馆内获得中级职称的员工人数占全馆员工总人数的百分比。

**方法:**

——全馆员工指图书馆正式在编人员。

——计算公式:A/B×100%

式中:

A——馆内获得中级职称人员的总数;

B——全馆员工总人数。

——指标值为:

a)基本值:25%;

b)良好值:40%。

### A.2.2.4 领导班子履职能力

**定义:**指图书馆馆级领导集体履行岗位职责的能力。

**方法:**

——重点考查领导班子的结构、推进事业发展的作为和社会的评价度等。

——重点考查领导班子成员的专业作为、专业职称、相关专业工作经历及继续教育等情况。

### A.2.2.5 员工年人均教育培训学时数

**定义:**指全馆员工一年内参加各类教育培训活动的平均学时数。

**方法：**

——包含在职学历教育和各类业务培训。

——全馆员工指图书馆正式在编人员。

——计算公式：A/B

式中：

A——全馆员工年度接受岗位培训、继续教育的总学时，单位为学时；

B——全馆员工总人数，单位为人。

——该指标的指标值分为两档：

a)基本值：40 学时/人；

b)良好值：60 学时/人。

### A.2.2.6 业务研究

#### A.2.2.6.1 员工年人均发表论文数量

**定义：**指馆内员工一年间平均每人发表在正式出版物或国际会议上的论文数量。

**方法：**

——正式出版物是指有 ISSN 号的连续出版物（含增刊，含省级以上有内部资料准印证的图书馆专业期刊），有 ISBN 号或 ISSN 号的会议论文集，有电子出版许可证号的网络期刊等。

——论文内容须与图书馆学、情报学、文献学等学科相关，与少年儿童图书馆工作相关，字数不少于 3000 字；不含通讯报道性文章。

——全馆员工指图书馆正式在编人员。

——计算公式：A/B

式中：

A——全馆在省级以上刊物或国际会议上发表的论文总数，单位为篇；

B——全馆员工总人数，单位为人。

——指标值为：

a)基本值：0.02 篇/人；

b)良好值：0.05 篇/人。

#### A.2.2.6.2 科研立项数量

**定义：**指本馆员工以个人或集体名义主持或参加的科研项目数量。

**方法：**

——科研项目包括标准的制修订工作。

——科研项目立项采取分级赋值换算的方式，换算后所得的结果为个数，单位为个。

——计算公式：$A \times x + B \times y + C \times z$

式中：

A——获得国家级或国际科研项目的个数，单位为个；

B——获得省部级科研项目的个数，单位为个；

C——获得厅局级科研项目的个数，单位为个；

x——国家级科研项目的权重值,取值为 50%;

y——省部级科研项目的权重值,取值为 30%;

z——厅局级科研项目的权重值,取值为 20%。

——同一科研项目不重复计算。

——在具体评估时,该项指标应限定最高分值,各个项目加权求和之后,所得分数不得高于该指标最高分值。

## A.3 文献资源

### A.3.1 总藏量

**定义:**指本馆已入藏的古籍、图书、期刊和报纸的合订本、小册子、手稿,以及缩微制品、视听文献、电子文献等各类文献资料的数量之和。

**方法:**

——报纸、期刊以一个合订本为一册计算。

——指标值为:

a)基本值:15 万册/件;

b)良好值:40 万册/件。

### A.3.2 文献入藏

#### A.3.2.1 图书年入藏数量

**定义:**指图书馆一年内获得的各种来源(如采购、接受捐赠或调拨等)的中外文图书总量。

**方法:**

——按图书题名以种为单位计算(即丛书中的每一题名单独计"种",分散出版的多卷书各自计"种")。

——不含电子图书。

——指标值为:

a)基本值:0.7 万种;

b)良好值:1.2 万种。

注:含指标 A.3.2.3,不包括指标 A.3.2.2 和指标 A.3.2.4。

#### A.3.2.2 报纸、期刊年入藏数量

**定义:**指图书馆一年内获得的各种来源(如采购、接受捐赠或调拨等)的中外文报纸和期刊总量。

**方法:**

——按报刊题名以种为单位计算(即丛刊中的每一分辑题名单独计"种")。

——不含电子报纸、电子期刊。

——指标值为:

a)基本值:200 种;

b)良好值:500 种。

A.3.2.3 **低幼读物年入藏数量**

**定义**:指图书馆一年内获得的各种来源(如采购、接受捐赠或调拨等)的面向6岁以下儿童的挂图、异型书、识字卡片、低幼绘本、连环画等文献总量。

**方法**:

——指标值为:

a)基本值:2000册;

b)良好值:4000册。

A.3.2.4 **视听文献年入藏数量**

**定义**:指图书馆一年内获得的各种来源(如采购、接受捐赠或调拨等)、不同载体(如录音带、录像带、DVD、VCD、CD唱片等)的视听文献数量。

**方法**:

——以种为单位计算。

——指标值为:

a)基本值:400件;

b)良好值:800件。

A.3.3 **文献采选**

**定义**:指图书馆按照一定的原则、目的、方法和要求而建立、扩大或更新馆藏各类型文献资源的工作。

**方法**:

——重点考查文献采选政策的建设情况及执行情况。其中:

a)文献采选政策建设首先考查是否有"采选政策"文本;若有,则考核文本中对各类文献(含电子文献和网上资源)的采集依据和工作要求的规定情况。

b)文献采选政策的执行情况重点考查图书、报刊、期刊等各类型文献有否缺藏,工作程序是否规范、严格等内容。

——重点考查《全国少年儿童图书馆基本藏书目录》入藏情况。

A.3.4 **文献编目**

**定义**:指图书馆按照一定的规则进行文献资源著录,组织成目录并进行维护的工作。

**方法**:

——重点考察普通图书、期刊与报纸、视听文献等文献资源的编目情况。普通图书包括中外文普通图书和少数民族图书等。

——各类文献的考查内容包括:

a)是否依据有关国家标准和行业标准进行编目;

b)是否有相关编目细则及细则执行情况;

c)书标、登录号、馆藏章等是否规范、统一、整齐、美观;

d)是否在规定时间内完成编目。

### A.3.5 文献保护

**定义:**指图书馆为防止、遏止或延缓文献退变及损害所采取的干预技术和抢救、修复受损文献的工作。

**方法:**

——含普通馆藏文献、数字文献等。

——考查内容包括:

a)文献出入库等藏书管理规章制度的制订与执行;

b)藏书保护规章制度的制订与执行;

c)书库防火、防盗、防虫、防潮、防尘、卫生等措施、设备及效果;

d)破损图书修复。

### A.3.6 数字资源总量

**定义:**指图书馆通过数字化、外购、征集、接受捐赠等各种方式获得的储存在本地的可用数字资源量,不含有关国家文化工程免费配送的数字资源量。

**方法:**

——指标值为:

a)基本值:4 万亿字节(TB);

b)良好值:10 万亿字节(TB)。

### A.3.7 资源整合

**定义:**指图书馆将各种载体的信息资源,根据一定原则进行评价、组织和揭示等,重新组合成一个效能更高的信息资源体系的工作。

**方法:**

——重点考查图书馆对馆藏各类文献的组织、整合与揭示的情况。

## A.4 服务工作

### A.4.1 免费开放

**定义:**指图书馆内公共空间设施场地免费开放和基本服务项目是否健全及免费开放情况。

**方法:**

——公共空间设施场地指一般阅览室、多媒体阅览室(电子阅览室)、报告厅(培训室、综合活动室)、自修室等公共空间。

——基本服务项目指文献资源借阅、检索与咨询、公益性讲座和展览、基层辅导、流动服务以及为保障基本职能实现的一些辅助性服务如办证、验证及存包等。

**注1:**具体考查内容可参考文化部、财政部共同出台的《关于推进全国美术馆公共图书馆文化馆(站)免费开放工作的意见》(文财务发〔2011〕5 号)。

**注2:**基本公共文化服务项目将随着社会的不断发展、政府财力的增长和人民群众精神文化需求的不断增长而发展变化。所以,在实际评估时,可结合实际情况就上述考查的内容进行删减或补充。

### A.4.2 普通服务

#### A.4.2.1 每周开馆时间

**定义**:指正常一周内图书馆提供主要服务(如文献借阅服务)的时间。

**方法**:

——周六和周日两天都闭馆的图书馆,评估时该指标不得分。

——本指标所指主要服务不包括自助服务。

——指标值为:

a)基本值:40 小时;

b)良好值:56 小时。

#### A.4.2.2 年服务总人次

**定义**:指当年到图书馆场馆接受图书馆服务的总人次。

**方法**:

——指标值为:

a)基本值:9 万人次;

b)良好值:20 万人次。

#### A.4.2.3 文献年外借册次

**定义**:指一年内通过本馆或本馆所辖分馆以及本馆派出的馆外服务设施借出的本馆各类型文献数量。

**方法**:

——指标值为:

a)基本值:14 万册次;

b)良好值:25 万册次。

#### A.4.2.4 开架文献数比例

**定义**:指已上架并可用于外借或馆内阅读的图书、报刊、视听文献等文献数量占本馆总藏书数量的比例。

**方法**:

——开架书刊数和总藏书数均指印刷型图书、报刊及视听文献,不含电子书刊;开架书刊包含半开架情况。

——计算公式:$A/B \times 100\%$

式中:

A——已上架并可用于外借或馆内阅读的图书、报刊、视听文献等文献数量,单位为册/件;

B——总藏书量,单位为册/件。

——指标值为:

a)基本值:40%;

b)良好值:70%。

### A.4.2.5 图书加工处理时间

**定义**:指图书到馆至图书上架服务的时间间隔。

**方法**:

——图书指印刷型图书,不含电子图书。

——指标值为:

a)基本值:30 天;

b)良好值:15 天。

### A.4.2.6 特殊少年儿童读者服务

**定义**:指图书馆为由于各种原因在获取和利用文献信息资源方面存在特殊困难的少年儿童读者提供有针对性的服务。

**方法**:

——重点考查为残障少年儿童读者服务情况:

a)是否设立无障碍通道、无障碍电梯、专用厕所等残疾人专用设施;

b)是否设立盲人少年儿童读者专门阅览座席,提供盲文文献及专用辅助阅读设施;

c)是否提供送书上门、到馆专人引导等面向残障少年儿童读者的专门服务措施。

## A.4.3 网络服务

### A.4.3.1 图书馆网站建设与服务

**定义**:指图书馆围绕自身资源建设与服务活动需要,有计划地在特定域名下制作和发布一系列网页内容,并通过这些网页为用户提供网络化服务。

**方法**:

——重点考查网页结构、网页内容、网页设计、网页维护、管理与更新等方面内容。

——重点考查网上服务信息发布、馆藏书目查询、网上预约(可含电话预约)、网上续借(可含电话续借)、虚拟参考咨询开展情况等方面内容。

### A.4.3.2 年网站访问量

**定义**:指一年内图书馆网站中所有网页(含文件及动态网页)被访客浏览的总次数。

**方法**:

——指标值为:

a)基本值:10 万次;

b)良好值:30 万次。

## A.4.4 社会教育活动

### A.4.4.1 年读者活动场次

**定义**:指一年内本馆举办或与外机构联合在馆内或馆外举办的讲座、培训、展览、阅读推广等各种形式的读者活动次数。

**方法：**

——指标值为：

a)基本值:100 次；

b)良好值:150 次。

### A.4.4.2 年读者活动参加人次

**定义：**指一年内参加本馆举办或与外机构联合在馆内或馆外举办的讲座、培训、展览、阅读推广等各种形式活动的读者人次。

**方法：**

——指标值为：

a)基本值:6000 人次；

b)良好值:9000 人次。

### A.4.4.3 活动宣传

**定义：**指图书馆在馆内或馆外利用各种方式对本馆开展的各类社会教育活动进行宣传、介绍和推广的情况。

**方法：**

——包括对图书馆组织开展服务宣传周、全民读书月、世界图书与版权日等主题活动的考查。

——重点考查这些宣传活动的内容、方式、渠道、频率、效果等。

### A.4.5 延伸服务

### A.4.5.1 延伸服务点数量

**定义：**指在馆外建设的延伸服务点数量。

**方法：**

——延伸服务点包含本馆在馆外建设的非独立建制分馆、流动图书车、自助图书馆，不含以本馆为总馆或中心馆的独立建制分馆。

——指标值为：

a)基本值:5 个；

b)良好值:20 个。

### A.4.5.2 延伸服务点文献借阅人次

**定义：**指一年内接受本馆延伸服务点借出阅读服务的读者人次。

**方法：**

——指标值为：

a)基本值:3000 人次；

b)良好值:6000 人次。

### A.4.5.3 延伸服务点文献借阅册次

**定义：**指一年内通过本馆馆外延伸服务点借出阅读的本馆各类型文献册次。

**方法:**

——指标值为:

a)基本值:4000 册次;

b)良好值:12 000 册次。

### A.4.6 读者满意率

**定义:**指用户对图书馆的需求或期望的被满足程度。

**方法:**

——可由评估主体自主或委托第三方机构对被评估图书馆的读者进行问卷调查,问卷内容应包括图书馆的设施设备、馆藏资源、服务内容、服务质量及员工素质等(参见附录 B)。

——调查表发放数量不少于 200 份,其中有效问卷总数应不少于 160 份。

——计算公式:A/B × 100%

式中:

A——满意问卷份数,单位为份;

B——有效问卷份数,单位为份。

——指标值为:

a)基本值:50%;

b)良好值:95%。

## A.5 协作协调

### A.5.1 业务辅导与培训

#### A.5.1.1 业务辅导

**定义:**指图书馆通过组织学习交流、开展业务研究等各种方式对本地区各级少年儿童图书馆进行的业务指导和帮助。

**方法:**

——重点考查以下几个方面内容:基层业务辅导工作的计划、总结、人员、经费情况;对本地区少年儿童公共图书馆的业务统计分析情况;对市、县/区少年儿童图书馆自动化管理的指导情况;业务辅导活动的数量和成效;对本地区少年儿童图书馆事业建设的综合性报告。其中:

a)业务辅导活动的数量通常不少于 10 次/年。

b)对本地区图书馆事业建设的综合性报告应主题明确,有事实、有数据、有分析和建议。

#### A.5.1.2 年业务培训次数

**定义:**指一年内本馆举办或与外机构联合举办的面向本地区少年儿童图书馆的业务培训活动次数。

**方法:**

——指标值为:

a)基本值:1 场次;

b)良好值:2.5 场次。

### A.5.2 社会合作

**定义**：图书馆为促进少年儿童服务而与医疗、民政、幼儿园、中小学以及出版发行机构、作家等其他社会机构或个人开展的合作行为。

**方法**：

——重点考察图书馆与其他社会机构或个人合作开展活动的形式与内容、次数、规划、组织管理以及社会效果等。

## A.6 管理与表彰

### A.6.1 人力资源管理

**定义**：指对图书馆工作人员的录用、调配、晋级、培训、奖惩，以及对参与图书馆工作的志愿者的招募、培训、指导、使用、考核、激励等事宜所实施的管理。

**方法**：

——工作人员管理重点考查岗位管理情况及人员聘用、考核、分配激励制度等方面内容。

——志愿者管理重点考查志愿者相关的管理制度、队伍规模以及工作效果等方面的内容。

### A.6.2 财务管理

**定义**：指图书馆对资金的筹集、使用、耗费、收入和分配进行计划、组织、控制、核算和分析，并对资金运动中图书馆与各方面的财务关系进行处理和协调的各项管理工作的总称。

**方法**：

——重点考查财务制度建设及其执行和监督，以及有关部门对图书馆财务进行审计的情况。

### A.6.3 设备、物资管理

**定义**：指对图书馆各种设备及物资的储备、分配、使用及订购进行的计划、组织和调节。

**方法**：

——重点考查设备与物资管理的制度建设与制度执行情况以及国有资产管理情况等方面内容。

### A.6.4 档案管理

**定义**：指对图书馆档案进行编纂和保管，包括收集、整理、保管、鉴定、统计和提供利用等工作。

**方法**：

——重点考查人事档案、业务档案、工程项目档案等方面内容。

——重点考查各类档案是否健全，资料是否翔实，归档是否及时，装订是否整齐，是否每卷建有目录等。

### A.6.5 统计管理

**定义**：指图书馆利用各种科学方法，搜集、整理、分析、研究和提供各种统计资料的工作过程。

**方法**：

——重点考查人事管理统计、财务统计、业务工作统计等统计资料的齐全程度以及对统计数据的分析、研究和利用情况等。

### A.6.6 环境管理

**定义**:指图书馆为给读者提供舒适的环境而进行的综合性管理活动。

**方法**:

——重点考查阅读学习设施配备及维护情况;环境整洁、美观、安静程度;馆内标牌规范程度以及节能减排措施等方面内容。

### A.6.7 安全管理

**定义**:指图书馆为防止各类意外事故和保障安全而开展的组织管理措施。

**方法**:

——重点考查图书馆人员安全、数据及网络安全、应急预案建设等方面内容。

——图书馆应具备当地公安、消防部门出具的消防合格材料。

### A.6.8 表彰与奖励

**定义**:指图书馆获得各级主管部门颁发的各类表彰与奖励情况。

**方法**:

——同一项目获多项奖励时,按最高级别奖项计分,不重复计算。

——计算公式:$A \times x + B \times y$

式中:

A——获得国家级、部级表彰与奖励的次数,单位为次;

B——获得省级表彰与奖励的次数,单位为次;

x——国家级、部级表彰与奖励的权重值,取值为60%;

y——省级表彰与奖励的权重值,取值为40%。

——同一项目获多项奖励时,按最高级别奖项计分,不重复计算。

——在具体评估时,该项指标应限定最高分值,各类项目加权求和之后,所得分数不得高于该指标最高分值。

# 附录 B
## （资料性附录）
## 读者满意率调查表

读者朋友，您好：

为了更好地满足您的需求，提高图书馆的服务质量和水平，我们特邀请您参与“读者调查”活动，望能得到您的支持。本次调查重点了解您对以下 13 项内容的满意程度，请您根据实际感受分别在其后“满意”“基本满意”“不满意”所对应的方框内画“√”。谢谢您的合作！

| | 满意 | 基本满意 | 不满意 |
|---|---|---|---|
| **一、服务环境** | | | |
| 1. 馆舍环境、阅览环境 | ☐ | ☐ | ☐ |
| 2. 信息化设施设备（计算机、复印机、网络设施等） | ☐ | ☐ | ☐ |
| 3. 服务导引说明及相关标示标牌 | ☐ | ☐ | ☐ |
| **二、文献资料** | | | |
| 4. 图书、报纸、期刊及音像资料 | ☐ | ☐ | ☐ |
| 5. 数字资源（各类数据库、网络资源等） | ☐ | ☐ | ☐ |
| **三、服务内容及质量** | | | |
| 6. 开放时间 | ☐ | ☐ | ☐ |
| 7. 目录查询及文献借阅 | ☐ | ☐ | ☐ |
| 8. 解答咨询 | ☐ | ☐ | ☐ |
| 9. 读者活动（讲座、展览、阅读推广活动等） | ☐ | ☐ | ☐ |
| 10. 对图书馆书刊文献及服务活动的宣传和推介 | ☐ | ☐ | ☐ |
| 11. 读者反映意见的渠道及其处理 | ☐ | ☐ | ☐ |
| **四、工作人员** | | | |
| 12. 工作人员的专业水平 | ☐ | ☐ | ☐ |
| 13. 工作人员的服务态度 | ☐ | ☐ | ☐ |

**您的基本情况：**

1. 年龄：12 岁以下☐　13—18 岁☐　19—30 岁☐　31—50 岁☐　50 岁以上☐
2. 身份：少儿读者☐　家长☐　教师☐　研究人员☐　其他☐

**您认为本馆目前最需要解决的问题是什么？欢迎提出意见和建议。**

注：正确填答问卷中 10 项及以上的为有效问卷；填写“满意”“基本满意”的项目总计 8 项及以上为满意问卷。

## 参考文献

[1] GB/T 11391　信息与文献　图书馆统计[S](GB/T 11391—2009,ISO 2789:2006,IDT)

[2] GB/T 29182　信息与文献　图书馆绩效指标[S](GB/T 29182—2012,ISO 11620:2008,IDT)

[3] GB/T 4894　信息与文献　术语[S](GB/T 4894—2009,ISO 5127:2001,MOD)

[4] 文化部,财政部.关于推进全国美术馆公共图书馆文化馆(站)免费开放工作的意见(文财务发〔2011〕5号)[OL].[2014-01-21]. http://www.gov.cn/zwgk/2011-02/14/content_1803021.htm

[5] Wisconsin Public Library Standards[OL].[2013-11-21]. http://pld.dpi.wi.gov/pld_standard

[6] Public Library Service Standards[OL].[2013-11-22]. https://www.gov.uk/government/publications? keywords=Public+Library+Service+Standards+&publication_filter_option=all&topics%5B%5D=arts-and-culture&departments%5B%5D=all&world_locations%5B%5D=all&from_date=&to_date=&commit=Refresh+results

[7] Standards, Guidelines and Benchmarks for Public Library Services in Australia and Overseas: A Guide to Resources[OL].[2012-05-26]. http://www.alia.org.au/governance/committees/public.libraries/standards.html

[8] 公共圖書館設立及營運基準[OL].[2013-11-21]. http://www.lins.fju.edu.tw/mao/pl/plstandard.htm

[9] 丘东江.图书馆学情报学大辞典[M].北京:海洋出版社,2013

ICS 01.140
A 14
备案号:48943－2015

# WH

# 中华人民共和国文化行业标准

WH/T 70.5—2015

# 公共图书馆评估指标
# 第5部分:市级少年儿童图书馆

Public library assessment indicators
Part 5:municipal children's library

2015－01－09发布　　2015－04－01实施

中华人民共和国文化部　发布

# 目　　次

# 前　言

WH/T 70《公共图书馆评估指标》系列标准包括6个部分：

——第1部分：省级公共图书馆

——第2部分：市级公共图书馆

——第3部分：县级公共图书馆

——第4部分：省级少年儿童图书馆

——第5部分：市级少年儿童图书馆

——第6部分：县级少年儿童图书馆

本部分为公共图书馆评估指标系列标准的第5部分。

本部分按照GB/T 1.1—2009给出的规则起草。

请注意本文件的某些内容可能涉及专利，本部分的发布机构不承担识别这些专利的责任。

本部分由中华人民共和国文化部提出。

本部分由全国图书馆标准化技术委员会（SAC/TC 389）归口。

本部分主要起草单位：国家图书馆。

本部分参与起草单位：天津市少年儿童图书馆、深圳少年儿童图书馆。

本部分主要起草人：刘小琴、汪东波、胡洁、支娟、李彬、白雪华、尹寿松、张剑、李俊国、宋卫。

附录A为规范性附录，对评估指标进行详细描述。

附录B为资料性附录，对读者满意率调查的内容进行描述。

# 引　　言

图书馆评估对于提升各级公共图书馆业务建设和服务工作能力，提高图书馆科学化管理水平，促进图书馆事业快速发展具有重要意义。文化部自1994年开始组织全国县及县以上公共图书馆评估定级工作以来，曾先后于1994年、1998年、2004年、2009年、2013年五次在全国开展公共图书馆评估定级工作。

本部分在上述五次《公共图书馆评估标准》的基础上，建立一套市级少年儿童图书馆评估的指标体系，主要对指标定义、方法等内容做出规定，旨在为全国市级少年儿童图书馆的评估提供指标依据。

# 公共图书馆评估指标
# 第5部分:市级少年儿童图书馆

## 1 范围

本部分规定了市级少年儿童图书馆评估指标体系的构成,确定了市级少年儿童图书馆设施与设备、经费与人员、文献资源、服务工作、协作协调、管理与表彰等6大方面的评估指标。

本部分适用于独立建制的市级少年儿童公共图书馆。

## 2 规范性引用文件

下列文件对本文件的应用是必不可少的。凡是注日期的引用文件,仅注日期的版本适用于本文件。凡是不注明日期的引用文件,其最新版本(包括所有的修改单)适用于本文件。

GB/T 28220—2011 公共图书馆服务规范

建标 108—2008 公共图书馆建设标准

## 3 术语和定义

下列术语和定义适用于本文件。

3.1

**市级少年儿童图书馆 municipal children's library**

由市级人民政府投资兴办的主要面向18周岁以下人群开放的图书馆,是通过提供图书等文献资料、开展阅读指导推广活动等方式满足少年儿童学习科学文化知识需求、促进少年儿童综合素质发展的公益性公共文化与社会教育设施。

3.2

**评估 evaluation**

对图书馆服务或设施的效益、效率、利用率和相关性的评价过程。

[GB/T 29182—2012,定义2.17]

3.3

**专项拨款 special grant**

为特定项目提供的非经常性资金(或部分资金)。

[GB/T 13191—2009,定义3.5.4]

3.4

**数字资源 digital resource**

以数字形式存储的带有特定内容的信息单元,作为图书馆馆藏的一部分。

注:改写 GB/T 13191—2009,定义3.2.12。

3.5

**数据库 database**

以电子形式存储的描述性记录或者内容单元的集合(包括事实、全文、图像和声音),并带有统一的用户界面及检索、处理数据的软件。

注:改写 GB/T 13191—2009,定义 3.2.10。

3.6

**视听文献 audio visual materials**

利用声像技术直接记录声音、图像等,然后通过播放手段给人以听觉、视觉感受的文献。

注:一般分为录音资料、录像资料和音像资料三种类型,包括录音带、唱片、幻灯片、电影片、电视片、录像带和光盘等。

3.7

**延伸服务 outreach services**

图书馆为方便读者而通过在馆外设立分馆、开通流动图书车、设置自助图书借还设备等方式扩大服务范围的活动。

3.8

**志愿者 volunteer**

不为物质报酬,基于良知、信念和责任,志愿参加图书馆工作的人。

[GB/T 13191—2009,定义 3.6.6]

## 4 总则

### 4.1 评价指标

4.1.1 本部分可用于对图书馆建设、管理与服务水平与其职能目标之间的契合程度进行评价,也可用于对不同图书馆之间的建设、管理与服务水平进行横向比较。

4.1.2 本部分的指标体系包括设施与设备、经费与人员、文献资源、服务工作、协作协调、管理与表彰6个方面,其中,设施与设备指标用于评估图书馆的建筑条件及设施设备配置满足图书馆开展日常服务活动及相关辅助工作需求的情况,经费与人员指标用于评估图书馆的经费与人员保障水平,文献资源指标用于评估图书馆的文献资源建设及发展情况是否能够满足其基本服务需求,服务工作指标用于评估图书馆开展各类型用户服务的能力与效能,协作协调指标用于评估图书馆在地区图书馆服务体系建设中所做的工作及发挥的作用,管理与表彰指标用于评估图书馆内部组织管理制度的健全程度、监督执行情况及获得各级表彰的情况。

### 4.2 评估方法

4.2.1 本部分包含定量和定性两类指标,附录A中对两类指标的评估方法做出了规定。

4.2.2 定量指标包含基本值和良好值两档,“基本值”为市级少年儿童图书馆在该指标上的表现被评定为“达标”应达到的最低值,“良好值”为市级少年儿童图书馆在该指标上的表现被评定为“良好”时应达到最低值。评估时一般通过统计和计算获得相应指标值,对照指标要求衡量图书馆在该指标上的现实水平;不能实现全面统计的定量指标可采用抽样方法进行换算,但应说明抽样统计的原则及具体换算方法。

4.2.3　定性指标规定了重点考查因素或重点考查内容。在具体评估实践中，应确定各个评估指标需提供的评估参考资料，包括资料类型（或内容）、资料提供方式、资料提供主体等。

## 4.3　评估指标的取舍与扩展

4.3.1　本部分提出的是一套针对市级少年儿童图书馆所有工作方面进行评估的综合指标体系，可以根据实际需要，与其他针对特定目的的独立评估指标体系（如各大重点文化工程评估指标等）配套使用。

4.3.2　在实际评估工作中，可根据评估目的和实际需要选择本部分规定的全部或部分评估指标进行评估。但无论评估目的为何，用户满意率作为一项必备的评估内容都应包含在内，附录B对用户满意率的评估内容和方法做出了规定。

4.3.3　本部分规定的指标体系中不能涵盖的评估内容，可根据实际需要增加新的指标。为细化某一指标的考查内容和要求，也可在已有指标下增设下位指标，但新增下位指标不得超出原指标的语义范畴。应在附录A中对各新增指标的定义和方法进行详细说明。

4.3.4　本部分定量指标设置基本值和良好值两档，但在实际评估中，可根据需要细分指标值的档次，也可适当调整指标值，如少年儿童图书馆发展较好的地区可提高基本值，但最低值不能低于本部分中规定的基本值。

## 4.4　评估指标的权重系数及打分标准

在评估之前，应确定各指标的权重系数和打分标准。“权重系数”指每个指标在上一级指标体系和整个指标体系中所占的分值比例；“打分标准”指如何给一项指标划分分值档次，以及每档分值的具体给分依据和标准。

## 4.5　数据获取

在具体评估实践中，应确定各定量指标的数据统计要求及应提供的相关证明材料。其中，数据统计可以统计评估当年或上一年度的数据，或者取一个评估周期内各年度的平均值，证明材料主要包括相应的报表、文件、证书等。

# 5　市级少年儿童图书馆评估指标

市级少年儿童图书馆评估指标见表1：

**表1　市级少年儿童图书馆评估指标一览表**

| 指标序号 | 指标名称 |
|---|---|
| A.1 | 设施与设备 |
| A.1.1 | 建筑条件 |
| A.1.1.1 | 馆舍建筑面积 |
| A.1.1.2 | 读者用房面积比例 |
| A.1.1.3 | 阅览座席数量 |
| A.1.1.4 | 低幼儿童玩具区域面积 |
| A.1.2 | 现代化技术装备 |

**表 1　市级少年儿童图书馆评估指标一览表(续)**

| 指标序号 | 指标名称 |
|---|---|
| A.1.2.1 | 计算机数量 |
| A.1.2.2 | 读者用机数量 |
| A.1.2.3 | 网络带宽 |
| A.1.2.4 | 图书馆自动化管理系统 |
| A.2 | 经费与人员 |
| A.2.1 | 经费 |
| A.2.1.1 | 年财政拨款数额 |
| A.2.1.2 | 财政拨款年增长率与当地财政收入增长率的比率 |
| A.2.1.3 | 年新增藏量购置费 |
| A.2.2 | 人员 |
| A.2.2.1 | 大学专科以上学历人员比例 |
| A.2.2.2 | 中高级职称人员比例 |
| A.2.2.3 | 领导班子履职能力 |
| A.2.2.4 | 员工年人均教育培训学时数 |
| A.2.2.5 | 员工年人均发表论文数量 |
| A.3 | 文献资源 |
| A.3.1 | 总藏量 |
| A.3.2 | 文献入藏 |
| A.3.2.1 | 图书年入藏数量 |
| A.3.2.2 | 报纸、期刊年入藏数量 |
| A.3.2.3 | 低幼读物年入藏数量 |
| A.3.2.2 | 视听文献年入藏数量 |
| A.3.3 | 文献采选 |
| A.3.4 | 文献编目 |
| A.3.5 | 文献保护 |
| A.4 | 服务工作 |
| A.4.1 | 免费开放 |
| A.4.2 | 普通服务 |
| A.4.2.1 | 每周开馆时间 |
| A.4.2.2 | 年服务总人次 |
| A.4.2.3 | 文献年外借册次 |
| A.4.2.4 | 开架文献数比例 |
| A.4.2.5 | 图书加工处理时间 |
| A.4.2.6 | 特殊少年儿童读者服务 |
| A.4.3 | 网络服务 |
| A.4.3.1 | 图书馆网站建设与服务 |

表1　市级少年儿童图书馆评估指标一览表(续)

| 指标序号 | 指标名称 |
| --- | --- |
| A.4.3.2 | 年网站访问量 |
| A.4.4 | 社会教育活动 |
| A.4.4.1 | 年读者活动场次 |
| A.4.4.2 | 年读者活动参加人次 |
| A.4.4.3 | 活动宣传 |
| A.4.5 | 延伸服务 |
| A.4.5.1 | 延伸服务点数量 |
| A.4.5.2 | 延伸服务点文献借阅人次 |
| A.4.5.3 | 延伸服务点文献借阅册次 |
| A.4.6 | 读者满意率 |
| A.5 | 协作协调 |
| A.5.1 | 业务辅导与培训 |
| A.5.1.1 | 业务辅导 |
| A.5.1.2 | 年业务培训次数 |
| A.5.2 | 社会合作 |
| A.6 | 管理与表彰 |
| A.6.1 | 人力资源管理 |
| A.6.2 | 财务管理 |
| A.6.3 | 设备、物资管理 |
| A.6.4 | 档案管理 |
| A.6.5 | 统计管理 |
| A.6.6 | 环境管理 |
| A.6.7 | 安全管理 |
| A.6.8 | 表彰与奖励 |
| 注:上述指标的详细描述见附录A。 | |

# 附录 A
# （规范性附录）
# 评估指标描述

## A.1 设施与设备

### A.1.1 建筑条件

#### A.1.1.1 馆舍建筑面积

**定义**：指图书馆建筑或建筑群的总面积。

**方法**：

——不包括正在扩建和尚未竣工的建筑面积、租赁的房屋以及职工宿舍和临时建筑。

——指标值为：

a）基本值：1000 平方米；

b）良好值：3000 平方米。

#### A.1.1.2 读者用房面积比例

**定义**：指图书馆内为读者提供的阅览室等场所面积占图书馆使用面积的百分比。

**方法**：

——含专门阅览室、外借处、开架书库、多媒体视听室，电子阅览室、多功能厅、报告厅等读者可以进出的场所，不含阅览室中的闭架书库。

——计算公式：A/B × 100%

式中：

A——读者用房面积，单位为平方米；

B——图书馆使用面积，单位为平方米。

——指标值为：

a）基本值：40%；

b）良好值：60%。

#### A.1.1.3 阅览座席数量

**定义**：指阅览室内可供读者使用的座位数。

**方法**：

——含多媒体视听室、电子阅览室座席，不含公众活动场所供读者休息、等候的座椅，不含多功能厅、报告厅座席。

——指标值为：

a）基本值：150 个；

b）良好值：300 个。

#### A.1.1.4 低幼儿童玩具区域面积

**定义**：指专为 6 岁以下儿童提供的玩具区域面积。

**方法:**

——指标值为:

a)基本值:20 平方米;

b)良好值:50 平方米。

### A.1.2 现代化技术装备

#### A.1.2.1 计算机数量

**定义:**指可供读者和工作人员正常使用的计算机数量。

**方法:**

——指标值为:

a)基本值:25 台;

b)良好值:45 台。

注:含指标 A.1.2.2。

#### A.1.2.2 读者用机数量

**定义:**指在读者活动区域(含电子阅览室)供读者正常使用的计算机数量。

**方法:**

——指标值为:

a)基本值:10 台;

b)良好值:25 台。

注:含在指标 A.1.2.1 中。

#### A.1.2.3 网络带宽

**定义:**指图书馆接入因特网的通信线路的传输速率,即每秒钟可传输的最大字节数。

**方法:**

——指标值为:

a)基本值:2 兆位/秒(Mbps);

b)良好值:20 兆位/秒(Mbps)。

#### A.1.2.4 图书馆自动化管理系统

**定义:**指图书馆用来收集、存储及分析数据的业务管理系统和供馆内工作人员使用的数据处理系统。

**方法:**

——重点考查图书馆业务工作自动化管理系统(含采访、编目、检索、借阅等)、日常办公自动化管理系统(含人事、财务、设备、档案等)的建设情况以及各子系统之间的互联。

## A.2 经费与人员

### A.2.1 经费

#### A.2.1.1 年财政拨款数额

**定义**:指图书馆一年内获得的各级政府部门的拨款。

**方法**:

——包括专项拨款。

——以实际到位的经费进行计算。

——指标值为:

a)基本值:80 万元;

b)良好值:150 万元。

#### A.2.1.2 财政拨款年增长率与当地财政收入增长率的比率

**定义**:指图书馆获得的财政拨款年增长率与本市财政收入增长率的百分比。

**方法**:

——包括专项经费。

——计算公式:$A/B \times 100\%$

式中:

A——图书馆获得的市级财政拨款的年增长率,单位为百分比。

B——本市财政收入增长率,单位为百分比。

——指标值为:

a)基本值:70%;

b)良好值:100%。

#### A.2.1.3 年新增藏量购置费

**定义**:指本馆一年间用于购置各类型文献的经费总额。

**方法**:

——含数字资源购置费。

——指标值为:

a)基本值:30 万元;

b)良好值:50 万元。

### A.2.2 人员

#### A.2.2.1 大学专科以上学历人员比例

**定义**:指馆内大学专科以上学历人员占全馆员工总人数的百分比。

**方法**:

——全馆员工指图书馆正式在编人员。

——计算公式:A/B×100%

式中:

A——馆内大学专科以上学历的人数,单位为人;

B——全馆员工总人数,单位为人。

——指标值为:

a)基本值:60%;

b)良好值:80%。

### A.2.2.2 中高级职称人员比例

**定义**:指馆内获得中级以上职称的员工人数占全馆员工总人数的百分比。

**方法**:

——全馆员工指图书馆正式在编人员。

——计算公式:A/B×100%

式中:

A——馆内获得中级以上职称人员的总数;

B——全馆员工总人数。

——指标值为:

a)基本值:20%;

b)良好值:40%。

### A.2.2.3 领导班子履职能力

**定义**:指图书馆馆级领导集体履行岗位职责的能力。

**方法**:

——重点考查领导班子的结构、推进事业发展的作为和社会的评价度等。

——重点考查领导班子成员的专业作为、专业职称、相关专业工作经历及继续教育等情况。

### A.2.2.4 员工年人均教育培训学时数

**定义**:指全馆员工一年内参加各类教育培训活动的平均学时数。

**方法**:

——包含在职学历教育和各类业务培训。

——全馆员工指图书馆正式在编人员。

——计算公式:A/B

式中:

A——全馆员工年度接受岗位培训、继续教育的总学时,单位为学时;

B——全馆员工总人数,单位为人。

——该指标的指标值分为两档:

a)基本值:40学时/人;

b)良好值:60学时/人。

#### A.2.2.5 员工年人均发表论文数量

**定义：**指馆内员工一年间平均每人发表在正式出版物或国际会议上的论文数量。

**方法：**

——正式出版物是指有 ISSN 号的连续出版物（含增刊，含省级以上有内部资料准印证的图书馆专业期刊）、有 ISBN 号或 ISSN 号的会议论文集、有电子出版许可证号的网络期刊等。

——论文内容须与图书馆学、情报学、文献学等学科相关，与少年儿童图书馆工作相关，字数不少于 3000 字；不含通讯报道性文章。

——全馆员工指图书馆正式在编人员。

——计算公式：A/B

式中：

A——全馆在省级以上刊物或国际会议上发表的论文总数，单位为篇；

B——全馆员工总人数，单位为人。

——指标值为：

a）基本值：0.005 篇/人；

b）良好值：0.01 篇/人。

### A.3 文献资源

#### A.3.1 总藏量

**定义：**指本馆已入藏的古籍、图书、期刊和报纸的合订本、小册子、手稿，以及缩微制品、视听文献、电子文献等各类文献资料的数量之和。

**方法：**

——报纸、期刊以一个合订本为一册计算。

——指标值为：

a）基本值：8 万册/件；

b）良好值：20 万册/件。

#### A.3.2 文献入藏

#### A.3.2.1 图书年入藏数量

**定义：**指图书馆一年内获得的各种来源（如采购、接受捐赠或调拨等）的中外文图书总量。

**方法：**

——按图书题名以种为单位计算（即丛书中的每一题名单独计“种”，分散出版的多卷书各自计“种”）。

——不含电子图书。

——指标值为：

a）基本值：3000 种；

b）良好值：6000 种。

注：含指标 A.3.2.3，不包括指标 A.3.2.2 和指标 A.3.2.4。

A.3.2.2　**报纸、期刊年入藏数量**

**定义**:指图书馆一年内获得的各种来源(如采购、接受捐赠或调拨等)的中外文报纸和期刊总量。

**方法**:

——按报刊题名以种为单位计算(即丛刊中的每一分辑题名单独计"种")。

——不含电子报纸、电子期刊。

——指标值为:

a)基本值:100 种;

b)良好值:300 种。

A.3.2.3　**低幼读物年入藏数量**

**定义**:指图书馆一年内获得的各种来源(如采购、接受捐赠或调拨等)的面向6岁以下儿童的挂图、异型书、识字卡片、低幼绘本、连环画等文献总量。

**方法**:

——指标值为:

a)基本值:1000 册;

b)良好值:2000 册。

A.3.2.4　**视听文献年入藏数量**

**定义**:指图书馆一年内获得的各种来源(如采购、接受捐赠或调拨等)、不同载体(如录音带、录像带、DVD、VCD、CD 唱片等)的视听文献数量。

**方法**:

——以种为单位计算。

——指标值为:

a)基本值:150 件;

b)良好值:500 件。

A.3.3　**文献采选**

**定义**:指图书馆按照一定的原则、目的、方法和要求而建立、扩大或更新馆藏各类型文献资源的工作。

**方法**:

——重点考查文献采选政策的建设情况及执行情况。其中:

a)文献采选政策建设首先考查是否有"采选政策"文本;若有,则考核文本中对各类文献(含电子文献和网上资源)的采集依据和工作要求的规定情况;

b)文献采选政策的执行情况重点考查图书、报刊、期刊等各类型文献有否缺藏,工作程序是否规范、严格等内容。

——重点考查《全国少年儿童图书馆基本藏书目录》入藏情况。

A.3.4　**文献编目**

**定义**:指图书馆按照一定的规则进行文献资源著录,组织成目录并进行维护的工作。

**方法：**

——重点考察普通图书、期刊与报纸、视听文献等文献资源的编目情况。普通图书包括中外文普通图书和少数民族图书等。

——各类文献的考查内容包括：

a）是否依据有关国家标准和行业标准进行编目；

b）是否有相关编目细则及细则执行情况；

c）书标、登录号、馆藏章等是否规范、统一、整齐、美观；

d）是否在规定时间内完成编目。

### A.3.5 文献保护

**定义：**指图书馆为防止、遏止或延缓文献退变及损害所采取的干预技术和抢救、修复受损文献的工作。

**方法：**

——含普通馆藏文献、数字文献等。

——考查内容包括：

a）文献出入库等藏书管理规章制度的制订与执行；

b）藏书保护规章制度的制订与执行；

c）书库防火、防盗、防虫、防潮、防尘、卫生等措施、设备及效果；

d）破损图书修复。

## A.4 服务工作

### A.4.1 免费开放

**定义：**指图书馆内公共空间设施场地免费开放和基本服务项目是否健全及免费开放情况。

**方法：**

——公共空间设施场地指一般阅览室、多媒体阅览室（电子阅览室）、报告厅（培训室、综合活动室）、自修室等公共空间。

——基本服务项目指文献资源借阅、检索与咨询、公益性讲座和展览、基层辅导、流动服务以及为保障基本职能实现的一些辅助性服务如办证、验证及存包等。

**注1：**具体考查内容可参考文化部、财政部共同出台的《关于推进全国美术馆公共图书馆文化馆（站）免费开放工作的意见》（文财务发〔2011〕5号）。

**注2：**基本公共文化服务项目将随着社会的不断发展、政府财力的增长和人民群众精神文化需求的不断增长而发展变化。所以，在实际评估时，可结合实际情况就上述考查的内容进行删减或补充。

### A.4.2 普通服务

#### A.4.2.1 每周开馆时间

**定义：**指正常一周内图书馆提供主要服务（如文献借阅服务）的时间。

**方法：**

——周六和周日两天都闭馆的图书馆，评估时该指标不得分。

——本指标所指主要服务不包括自助服务。

——指标值为：

a）基本值：40 小时；

b）良好值：50 小时。

#### A.4.2.2 年服务总人次

**定义**：指当年到图书馆场馆接受图书馆服务的总人次。

**方法**：

——指标值为：

a）基本值：4 万人次；

b）良好值：12 万人次。

#### A.4.2.3 文献年外借册次

**定义**：指一年内通过本馆或本馆所辖分馆以及本馆派出的馆外服务设施借出的本馆各类型文献数量。

**方法**：

——指标值为：

a）基本值：6 万册次；

b）良好值：17 万册次。

#### A.4.2.4 开架文献比例

**定义**：指已上架并可用于外借或馆内阅读的图书、报刊及视听文献等文献数量占本馆总藏书数量的比例。

**方法**：

——开架文献数和总藏书数均指印刷型图书、报刊及视听文献，不含电子书刊；开架书刊包含半开架情况。

——计算公式：$A/B \times 100\%$

式中：

A——已上架并可用于外借或馆内阅读的图书、报刊、视听文献等文献数量，单位为册/件；

B——总藏书量，单位为册/件。

——指标值为：

a）基本值：50%；

b）良好值：80%。

#### A.4.2.5 图书加工处理时间

**定义**：指图书到馆至图书上架服务的时间间隔。

**方法**：

——图书指印刷型图书，不含电子图书。

——指标值为：

a)基本值:25 天;

b)良好值:10 天。

#### A.4.2.6 特殊少年儿童读者服务

**定义:**指图书馆为由于各种原因在获取和利用文献信息资源方面存在特殊困难的少年儿童读者提供有针对性的服务。

**方法:**

——重点考查为残障少年儿童读者服务情况:

a)是否设立无障碍通道、无障碍电梯、专用厕所等残疾人专用设施;

b)是否设立盲人少年儿童读者专门阅览座席,提供盲文文献及专用辅助阅读设施;

c)是否提供送书上门、到馆专人引导等面向残障少年儿童读者的专门服务措施。

### A.4.3 网络服务

#### A.4.3.1 图书馆网站建设与服务

**定义:**指图书馆围绕自身资源建设与服务活动需要,有计划地在特定域名下制作和发布一系列网页内容,并通过这些网页为用户提供网络化服务。

**方法:**

——重点考查网页结构、网页内容、网页设计、网页维护、管理与更新等方面内容。

——重点考查网上服务信息发布、馆藏书目查询、网上预约(可含电话预约)、网上续借(可含电话续借)、虚拟参考咨询开展情况等方面内容。

#### A.4.3.2 年网站访问量

**定义:**指一年内图书馆网站中所有网页(含文件及动态网页)被访客浏览的总次数。

**方法:**

——指标值为:

a)基本值:6 万次;

b)良好值:12 万次。

### A.4.4 社会教育活动

#### A.4.4.1 年读者活动场次

**定义:**指一年内本馆举办或与外机构联合在馆内或馆外举办的讲座、培训、展览、阅读推广等各种形式的读者活动次数。

**方法:**

——指标值为:

a)基本值:80 次;

b)良好值:120 次。

#### A.4.4.2 年读者活动参加人次

**定义:**指一年内参加本馆举办或与外机构联合在馆内或馆外举办的讲座、培训、展览、阅读推广等各种形式活动的读者人次。

**方法：**

——指标值为：

a）基本值：3000 人次；

b）良好值：5000 人次。

#### A.4.4.3 活动宣传

**定义：**指图书馆在馆内或馆外利用各种方式对本馆开展的各类社会教育活动进行宣传、介绍和推广的情况。

**方法：**

——包括对图书馆组织开展服务宣传周、全民读书月、世界图书与版权日等主题活动的考查。

——重点考查这些宣传活动的内容、方式、渠道、频率、效果等。

### A.4.5 延伸服务

#### A.4.5.1 延伸服务点数量

**定义：**指在馆外建设的延伸服务点数量。

**方法：**

——延伸服务点包含本馆在馆外建设的非独立建制分馆、流动图书车、自助图书馆，不含以本馆为总馆或中心馆的独立建制分馆。

——指标值为：

a）基本值：5 个；

b）良好值：15 个。

#### A.4.5.2 延伸服务点文献借阅人次

**定义：**指一年内接受本馆延伸服务点借出阅读服务的读者人次。

**方法：**

——指标值为：

a）基本值：1000 人次；

b）良好值：3000 人次。

#### A.4.5.3 延伸服务点文献借阅册次

**定义：**指一年内通过本馆馆外延伸服务点借出阅读的本馆各类型文献册次。

**方法：**

——指标值为：

c）基本值：4000 册次；

d）良好值：7000 册次。

### A.4.6 读者满意率

**定义：**指用户对图书馆的需求或期望的被满足程度。

**方法:**

——可由评估主体自主或委托第三方机构对被评估图书馆的读者进行问卷调查,问卷内容应包括图书馆的设施设备、馆藏资源、服务内容、服务质量及员工素质等(参见附录B)。

——调查表发放数量不少于200份,其中有效问卷总数应不少于160份。

——计算公式:A/B×100%

式中:

A——满意问卷份数,单位为份;

B——有效问卷份数,单位为份。

——指标值为:

a)基本值:50%;

b)良好值:95%。

## A.5 协作协调

### A.5.1 业务辅导与培训

#### A.5.1.1 业务辅导

**定义:**指图书馆通过组织学习交流、开展业务研究等各种方式对本地区各级少年儿童图书馆进行的业务指导和帮助。

**方法:**

——重点考查以下几个方面内容:基层业务辅导工作的计划、总结、人员、经费情况;对本地区少年儿童公共图书馆的业务统计分析情况;对县/区少年儿童图书馆自动化管理的指导情况;业务辅导活动的数量和成效;对本地区少年儿童图书馆事业建设的综合性报告。其中:

a)业务辅导活动的数量通常不少于10次/年。

b)对本地区图书馆事业建设的综合性报告应主题明确,有事实、有数据、有分析和建议。

#### A.5.1.2 年业务培训次数

**定义:**指一年内本馆举办或与外机构联合举办的面向本地区少年儿童图书馆的业务培训活动次数。

**方法:**

——指标值为:

a)基本值:1场次;

b)良好值:2场次。

### A.5.2 社会合作

**定义:**图书馆为促进少年儿童服务而与医疗、民政、幼儿园、中小学以及出版发行机构、作家等其他社会机构或个人开展的合作行为。

**方法:**

——重点考察图书馆与其他社会机构或个人合作开展活动的形式与内容、次数、规划、组织管理以及社会效果等。

## A.6 管理与表彰

### A.6.1 人力资源管理

**定义：**指对图书馆工作人员的录用、调配、晋级、培训、奖惩以及对参与图书馆工作的志愿者的招募、培训、指导、使用、考核、激励等事宜所实施的管理。

**方法：**

——工作人员管理重点考查岗位管理情况及人员聘用、考核、分配激励制度等方面内容。

——志愿者管理重点考查志愿者相关的管理制度、队伍规模以及工作效果等方面的内容。

### A.6.2 财务管理

**定义：**指图书馆对资金的筹集、使用、耗费、收入和分配进行计划、组织、控制、核算和分析，并对资金运动中图书馆与各方面的财务关系进行处理和协调的各项管理工作的总称。

**方法：**

——重点考查财务制度建设及其执行和监督，以及有关部门对图书馆财务进行审计的情况。

### A.6.3 设备、物资管理

**定义：**指对图书馆各种设备及物资的储备、分配、使用及订购进行的计划、组织和调节。

**方法：**

——重点考查设备与物资管理的制度建设与制度执行情况以及国有资产管理情况等方面内容。

### A.6.4 档案管理

**定义：**指对图书馆档案进行编纂和保管，包括收集、整理、保管、鉴定、统计和提供利用等工作。

**方法：**

——重点考查人事档案、业务档案、工程项目档案等方面内容。

——重点考查各类档案是否健全，资料是否翔实，归档是否及时，装订是否整齐，是否每卷建有目录等。

### A.6.5 统计管理

**定义：**指图书馆利用各种科学方法，搜集、整理、分析、研究和提供各种统计资料的工作过程。

**方法：**

——重点考查人事管理统计、财务统计、业务工作统计等统计资料的齐全程度以及对统计数据的分析、研究和利用情况等。

### A.6.6 环境管理

**定义：**指图书馆为给读者提供舒适的环境而进行的综合性管理活动。

**方法：**

——重点考查阅读学习设施配备及维护情况；环境整洁、美观、安静程度，馆内标牌规范程度以及节能减排措施等方面内容。

A.6.7 安全管理

**定义**:指图书馆为防止各类意外事故和保障安全而开展的组织管理措施。

**方法**:

——重点考查图书馆人员安全、数据及网络安全、应急预案建设等方面内容。

——图书馆应具备当地公安、消防部门出具的消防合格材料。

A.6.8 表彰与奖励

**定义**:指图书馆获得各级主管部门颁发的各类表彰与奖励情况。

**方法**:

——同一项目获多项奖励时,按最高级别奖项计分,不重复计算。

——计算公式: $A \times x + B \times y + C \times z$

式中:

A——获得国家级、部级表彰与奖励的次数,单位为次;

B——获得省级表彰与奖励的次数,单位为次;

C——获得市级表彰与奖励的次数,单位为次;

x——国家级、部级表彰与奖励的权重值,取值为 50%;

y——省级表彰与奖励的权重值,取值为 30%;

z——市级表彰与奖励的权重值,取值为 20%;

——同一项目获多项奖励时,按最高级别奖项计分,不重复计算。

——在具体评估时,该项指标应限定最高分值,各类项目加权求和之后,所得分数不得高于该指标最高分值。

# 附录 B
## (资料性附录)
## 读者满意率调查表

读者朋友,您好:

为了更好地满足您的需求,提高图书馆的服务质量和水平,我们特邀请您参与“读者调查”活动,望能得到您的支持。本次调查重点了解您对以下 13 项内容的满意程度,请您根据实际感受分别在其后“满意”“基本满意”“不满意”所对应的方框内画“√”。谢谢您的合作!

| | 满意 | 基本满意 | 不满意 |
|---|---|---|---|
| **一、服务环境** | | | |
| 1. 馆舍环境、阅览环境 | □ | □ | □ |
| 2. 信息化设施设备(计算机、复印机、网络设施等) | □ | □ | □ |
| 3. 服务导引说明及相关标示标牌 | □ | □ | □ |
| **二、文献资料** | | | |
| 4. 图书、报纸、期刊及音像资料 | □ | □ | □ |
| 5. 数字资源(各类数据库、网络资源等) | □ | □ | □ |
| **三、服务内容及质量** | | | |
| 6. 开放时间 | □ | □ | □ |
| 7. 目录查询及文献借阅 | □ | □ | □ |
| 8. 解答咨询 | □ | □ | □ |
| 9. 读者活动(讲座、展览、阅读推广活动等) | □ | □ | □ |
| 10. 对图书馆书刊文献及服务活动的宣传和推介 | □ | □ | □ |
| 11. 读者反映意见的渠道及其处理 | □ | □ | □ |
| **四、工作人员** | | | |
| 12. 工作人员的专业水平 | □ | □ | □ |
| 13. 工作人员的服务态度 | □ | □ | □ |

**您的基本情况:**

1. 年龄:12 岁以下□　13—18 岁□　19—30 岁□　31—50 岁□　50 岁以上□
2. 身份:少儿读者□　家长□　教师□　研究人员□　其他□

**您认为本馆目前最需要解决的问题是什么?欢迎提出意见和建议。**

注:正确填答问卷中 10 项及以上的为有效问卷;填写“满意”“基本满意”的项目总计 8 项及以上为满意问卷。

## 参考文献


[1] GB/T 11391　信息与文献　图书馆统计[S](GB/T 11391—2009,ISO 2789:2006,IDT)

[2] GB/T 29182　信息与文献　图书馆绩效指标[S](GB/T 29182—2012,ISO 11620:2008,IDT)

[3] GB/T 4894　信息与文献　术语[S](GB/T 4894—2009,ISO 5127:2001,MOD)

[4] 文化部,财政部.关于推进全国美术馆公共图书馆文化馆(站)免费开放工作的意见(文财务发〔2011〕5 号)[OL].[2014-01-21]. http://www.gov.cn/zwgk/2011-02/14/content_1803021.htm

[5] Wisconsin Public Library Standards[OL].[2013-11-21]. http://pld.dpi.wi.gov/pld_standard

[6] Public Library Service Standards[OL].[2013-11-22]. https://www.gov.uk/government/publications?keywords=Public+Library+Service+Standards+&publication_filter_option=all&topics%5B%5D=arts-and-culture&departments%5B%5D=all&world_locations%5B%5D=all&from_date=&to_date=&commit=Refresh+results

[7] Standards, Guidelines and Benchmarks for Public Library Services in Australia and Overseas: A Guide to Resources [OL].[2012-05-26]. http://www.alia.org.au/governance/committees/public.libraries/standards.html

[8] 公共圖書館設立及營運基準[OL].[2013-11-21]. http://www.lins.fju.edu.tw/mao/pl/plstandard.htm

[9]丘东江.图书馆学情报学大辞典[M].北京:海洋出版社,2013

ICS 01.140
A 14
备案号:48944-2015

WH

# 中华人民共和国文化行业标准

WH/T 70.6—2015

# 公共图书馆评估指标
# 第6部分:县级少年儿童图书馆

# Public library assessment indicators
# Part 6: county children's library

2015-01-09 发布 2015-04-01 实施

中华人民共和国文化部 发布

# 目　次

# 前　言

WH/T 70《公共图书馆评估指标》系列标准包括6个部分：

——第1部分：省级公共图书馆

——第2部分：市级公共图书馆

——第3部分：县级公共图书馆

——第4部分：省级少年儿童图书馆

——第5部分：市级少年儿童图书馆

——第6部分：县级少年儿童图书馆

本部分为公共图书馆评估指标系列标准的第6部分。

本部分按照GB/T 1.1—2009给出的规则起草。

请注意本文件的某些内容可能涉及专利，本部分的发布机构不承担识别这些专利的责任。

本部分由中华人民共和国文化部提出。

本部分由全国图书馆标准化技术委员会（SAC/TC 389）归口。

本部分主要起草单位：国家图书馆。

本部分参与起草单位：天津市少年儿童图书馆、深圳少年儿童图书馆。

本部分主要起草人：刘小琴、汪东波、胡洁、支娟、李彬、白雪华、尹寿松、张剑、李俊国、宋卫。

附录A为规范性附录，对评估指标进行详细描述。

附录B为资料性附录，对读者满意率调查的内容进行描述。

# 引　言

图书馆评估对于提升各级公共图书馆业务建设和服务工作能力，提高图书馆科学化管理水平，促进图书馆事业快速发展具有重要意义。文化部自 1994 年开始组织全国县及县以上公共图书馆评估定级工作以来，曾先后于 1994 年、1998 年、2004 年、2009 年、2013 年五次在全国开展公共图书馆评估定级工作。

本部分在上述五次《公共图书馆评估标准》的基础上，建立一套县级少年儿童图书馆评估的指标体系，主要对指标定义、方法等内容做出规定，旨在为全国县级少年儿童图书馆的评估提供指标依据。

# 公共图书馆评估指标
# 第6部分:县级少年儿童图书馆

## 1 范围

本部分规定了县级少年儿童图书馆评估指标体系的构成,确定了县级少年儿童图书馆设施设备、经费与人员、文献资源、服务工作、协作协调、管理与表彰等6大方面的评估指标。

本部分适用于独立建制的县级少年儿童图书馆。

## 2 规范性引用文件

下列文件对本文件的应用是必不可少的。凡是注日期的引用文件,仅注日期的版本适用于本文件。凡是不注明日期的引用文件,其最新版本(包括所有的修改单)适用于本文件。

GB/T 28220—2011 公共图书馆服务规范

建标 108—2008 公共图书馆建设标准

## 3 术语和定义

下列术语和定义适用于本文件。

3.1

**县级少年儿童图书馆 county children's library**

由县级人民政府投资兴办的主要面向18周岁以下人群开放的图书馆,是通过提供图书等文献资料、开展阅读指导推广活动等方式,满足少年儿童学习科学文化知识需求,促进少年儿童综合素质发展的公益性公共文化与社会教育设施。

3.2

**评估 evaluation**

对图书馆服务或设施的效益、效率、利用率和相关性的评价过程。

[GB/T 29182—2012,定义2.17]

3.3

**专项拨款 special grant**

为特定项目提供的非经常性资金(或部分资金)。

[GB/T 13191—2009,定义3.5.4]

3.4

**数字资源 digital resource**

以数字形式存储的带有特定内容的信息单元,作为图书馆馆藏的一部分。

注:改写 GB/T 13191—2009,定义3.2.12。

3.5

**数据库 database**

以电子形式存储的描述性记录或者内容单元的集合(包括事实、全文、图像和声音),并带有统一的用户界面及检索、处理数据的软件。

注:改写 GB/T 13191—2009,定义 3.2.10。

3.6

**视听文献 audio visual materials**

利用声像技术直接记录声音、图像等,然后通过播放手段给人以听觉、视觉感受的文献。

注:一般分为录音资料、录像资料和音像资料三种类型,包括录音带、唱片、幻灯片、电影片、电视片、录像带和光盘等。

3.7

**延伸服务 outreach services**

图书馆为方便读者而通过在馆外设立分馆、开通流动图书车、设置自助图书借还设备等方式扩大服务范围的活动。

3.8

**志愿者 volunteer**

不为物质报酬,基于良知、信念和责任,志愿参加图书馆工作的人。

[GB/T 13191—2009,定义 3.6.6]

## 4 总则

### 4.1 评价指标

4.1.1 本部分可用于对图书馆建设、管理与服务水平与其职能目标之间的契合程度进行评价,也可用于对不同图书馆之间的建设、管理与服务水平进行横向比较。

4.1.2 本部分的指标体系包括设施设备、经费与人员、文献资源、服务工作、协作协调、管理与表彰6个方面,其中,设施与设备指标用于评估图书馆的建筑条件及设施设备配置满足图书馆开展日常服务活动及相关辅助工作需求的情况,经费与人员指标用于评估图书馆的经费与人员保障水平,文献资源指标用于评估图书馆的文献资源建设及发展情况是否能够满足其基本服务需求,服务工作指标用于评估图书馆开展各类型用户服务的能力与效能,协作协调指标用于评估图书馆在地区图书馆服务体系建设中所做的工作及发挥的作用,管理与表彰指标用于评估图书馆内部组织管理制度的健全程度、监督执行情况及获得各级表彰的情况。

### 4.2 评价方法

4.2.1 本部分包含定量和定性两类指标,附录A对两类指标的评估方法做出了规定。

4.2.2 定量指标包含基本值和良好值两档,“基本值”为县级少年儿童图书馆在该指标上的表现被评定为“达标”应达到的最低值,“良好值”为县级少年儿童图书馆在该指标上的表现被评定为“良好”时应达到最低值。评估时一般通过统计和计算获得相应指标值,对照指标要求衡量图书馆在该指标上的现实水平;不能实现全面统计的定量指标可采用抽样方法进行换算,但应说明抽样统计的原则及具体换算方法。

4.2.3 定性指标规定重点考查因素或重点考查内容。在具体评估实践中,应确定各个评估指标需提供的评估参考资料,包括资料类型(或内容)、资料提供方式、资料提供主体等。

## 4.3 评估指标的取舍与扩展

4.3.1 本部分提出的是一套针对县级少年儿童图书馆所有工作方面进行评估的综合指标体系,可以根据实际需要,与其他针对特定目的的独立评估指标体系(如各大重点文化工程评估指标等)配套使用。

4.3.2 在实际评估工作中,可根据评估目的和实际需要选择本部分规定的全部或部分评估指标进行评估。但无论评估目的为何,用户满意率作为一项必备的评估内容都应包含在内,附录B对用户满意率的评估内容和方法做出了规定。

4.3.3 本部分规定的指标体系中不能涵盖的评估内容,可根据实际需要增加新的指标。为细化某一指标的考查内容和要求,也可在已有指标下增设下位指标,但新增下位指标不得超出原指标的语义范畴。应在附录A中对各新增指标的定义和方法进行详细说明。

4.3.4 本部分定量指标设置基本值和良好值两档,在实际评估中,可根据实际情况再次细分指标值,也可适当调整指标值,如少年儿童图书馆发展较好的地区可提高基本值,但最低值不能低于本部分中规定的基本值。

## 4.4 评估指标的权重系数及打分标准

在评估之前,应确定各指标的权重系数和打分标准。“权重系数”指每个指标在上一级指标体系和整个指标体系中所占的分值比例;“打分标准”指如何给一项指标划分分值档次,以及每档分值的具体给分依据和标准。

## 4.5 数据获取

在具体评估实践中,应确定各定量指标的数据统计要求及应提供的相关证明材料。其中,数据统计可以统计评估当年或上一年度的数据,或者取一个评估周期内各年度的平均值,证明材料主要包括相应的报表、文件、证书等。

# 5 县级少年儿童图书馆评估指标

县级少年儿童图书馆评估指标见表1:

**表1 县级少年儿童图书馆评估指标一览表**

| 指标序号 | 指标名称 |
|---|---|
| A.1 | 设施与设备 |
| A.1.1 | 建筑条件 |
| A.1.1.1 | 馆舍建筑面积 |
| A.1.1.2 | 读者用房面积比例 |
| A.1.1.3 | 阅览座席数量 |
| A.1.1.4 | 低幼儿童玩具区域面积 |

**表1　县级少年儿童图书馆评估指标一览表(续)**

| 指标序号 | 指标名称 |
|---|---|
| A.1.2 | 现代化技术装备 |
| A.1.2.1 | 计算机数量 |
| A.1.2.2 | 读者用机数量 |
| A.1.2.3 | 网络带宽 |
| A.1.2.4 | 图书馆自动化管理系统 |
| A.2 | 经费与人员 |
| A.2.1 | 经费 |
| A.2.1.1 | 年财政拨款数额 |
| A.2.1.2 | 财政拨款年增长率与当地财政收入增长率的比率 |
| A.2.1.3 | 年新增藏量购置费 |
| A.2.2 | 人员 |
| A.2.2.1 | 大学专科以上学历人员比例 |
| A.2.2.2 | 中高级职称人员比例 |
| A.2.2.3 | 领导班子履职能力 |
| A.2.2.4 | 员工年人均教育培训学时数 |
| A.2.2.5 | 员工年人均发表论文数量 |
| A.3 | 文献资源 |
| A.3.1 | 总藏量 |
| A.3.2 | 文献入藏 |
| A.3.2.1 | 图书年入藏数量 |
| A.3.2.2 | 报纸、期刊年入藏数量 |
| A.3.2.3 | 低幼读物年入藏数量 |
| A.3.2.4 | 视听文献年入藏数量 |
| A.3.3 | 文献采选 |
| A.3.4 | 文献编目 |
| A.3.5 | 文献保护 |
| A.4 | 服务工作 |
| A.4.1 | 免费开放 |
| A.4.2 | 普通服务 |
| A.4.2.1 | 每周开馆时间 |
| A.4.2.2 | 年服务总人次 |
| A.4.2.3 | 文献年外借册次 |
| A.4.2.4 | 开架文献数比例 |
| A.4.2.5 | 特殊少年儿童读者服务 |
| A.4.3 | 网络服务 |
| A.4.3.1 | 图书馆网站建设与服务 |

表1　县级少年儿童图书馆评估指标一览表(续)

| 指标序号 | 指标名称 |
|---|---|
| A.4.3.2 | 年网站访问量 |
| A.4.4 | 社会教育活动 |
| A.4.4.1 | 年读者活动场次 |
| A.4.4.2 | 年读者活动参加人次 |
| A.4.5 | 活动宣传 |
| A.4.6 | 延伸服务 |
| A.4.6.1 | 延伸服务点数量 |
| A.4.6.2 | 延伸服务点文献借阅人次 |
| A.4.6.3 | 延伸服务点文献借阅册次 |
| A.4.7 | 读者满意率 |
| A.5 | 协作协调 |
| A.5.1 | 年接受业务培训次数 |
| A.5.2 | 社会合作 |
| A.6 | 管理与表彰 |
| A.6.1 | 人力资源管理 |
| A.6.2 | 财务管理 |
| A.6.3 | 设备、物资管理 |
| A.6.4 | 档案管理 |
| A.6.5 | 统计管理 |
| A.6.6 | 环境管理 |
| A.6.7 | 安全管理 |
| A.6.8 | 表彰与奖励 |
| **注**:上述指标的详细描述见附录A。 | |

# 附录 A
（规范性附录）
评估指标描述

## A.1 设施与设备

### A.1.1 建筑条件

#### A.1.1.1 馆舍建筑面积

**定义**：指图书馆建筑或建筑群的总面积。

**方法**：

——不包括正在扩建和尚未竣工的建筑面积、租赁的房屋以及职工宿舍和临时建筑。

——指标值为：

a）基本值：500 平方米；

b）良好值：1500 平方米。

#### A.1.1.2 读者用房面积比例

**定义**：指图书馆内为读者提供的阅览室等场所面积占图书馆使用面积的百分比。

**方法**：

——含专门阅览室、外借处、开架书库、多媒体视听室，电子阅览室、多功能厅、报告厅等读者可以进出的场所，不含阅览室中的闭架书库。

——计算公式：A/B×100%

式中：

A——读者用房面积，单位为平方米；

B——图书馆使用面积，单位为平方米。

——指标值为：

a）基本值：40%；

b）良好值：60%。

#### A.1.1.3 阅览座席数量

**定义**：指阅览室内可供读者使用的座位数。

**方法**：

——含多媒体视听室、电子阅览室座席，不含公众活动场所供读者休息、等候的座椅，不含多功能厅、报告厅座席。

——指标值为：

a）基本值：60 个；

b）良好值：200 个。

#### A.1.1.4 低幼儿童玩具区域面积

**定义**：指专为 6 岁以下儿童提供的玩具区域面积。

**方法:**

——指标值为:

a)基本值:10 平方米;

b)良好值:20 平方米。

### A.1.2 现代化技术装备

#### A.1.2.1 计算机数量

**定义:**指可供读者和工作人员正常使用的计算机数量。

**方法:**

——指标值为:

a)基本值:8 台;

b)良好值:20 台。

注:含指标 A.1.2.2。

#### A.1.2.2 读者用机数量

**定义:**指在读者活动区域(含电子阅览室)供读者正常使用的计算机数量。

**方法:**

——指标值为:

a)基本值:5 台;

b)良好值:12 台。

注:含在指标 A.1.2.1 中。

#### A.1.2.3 网络带宽

**定义:**指图书馆接入因特网的通信线路的传输速率,即每秒钟可传输的最大字节数。

**方法:**

——指标值为:

a)基本值:1 兆位/秒(Mbps);

b)良好值:10 兆位/秒(Mbps)。

#### A.1.2.4 图书馆自动化管理系统

**定义:**指图书馆用来收集、存储及分析数据的业务管理系统和供馆内工作人员使用的数据处理系统。

**方法:**

——重点考查图书馆业务工作自动化管理系统(含采访、编目、检索、借阅等)和日常办公自动化管理系统(含人事、财务、设备、档案等)的建设情况以及各子系统之间的互联。

## A.2 经费与人员

### A.2.1 经费

#### A.2.1.1 年财政拨款数额

**定义**:指图书馆一年内获得的各级政府部门的拨款。

**方法**:

——包括专项拨款。

——以实际到位的经费进行计算。

——指标值为:

a)基本值:30 万元;

b)良好值:60 万元。

#### A.2.1.2 财政拨款年增长率与当地财政收入增长率的比率

**定义**:指图书馆获得的财政拨款年增长率与本县财政收入年增长率的百分比。

**方法**:

——包括专项经费。

——计算公式:$A/B \times 100\%$

式中:

A——图书馆获得的县级财政拨款的年增长率,单位为百分比;

B——本县财政收入增长率,单位为百分比。

——指标值为:

a)基本值:70%;

b)良好值:100%。

#### A.2.1.3 年新增藏量购置费

**定义**:指本馆一年间用于购置各类型文献的经费总额。

**方法**:

——含数字资源购置费;

——指标值为:

a)基本值:10 万元;

b)良好值:20 万元。

### A.2.2 人员

#### A.2.2.1 大学专科以上学历人员比例

**定义**:指馆内大学专科以上学历人员占全馆员工总人数的百分比。

**方法**:

——全馆员工指图书馆正式在编人员。

——计算公式:A/B×100%

式中:

A——馆内大学专科以上学历的人数,单位为人;

B——全馆员工总人数,单位为人。

——指标值为:

a)基本值:30%;

b)良好值:70%。

A.2.2.2 **中高级职称人员比例**

**定义**:指馆内获得中级以上职称的员工人数占全馆员工总人数的百分比。

**方法**:

——全馆员工指图书馆正式在编人员。

——计算公式:A/B×100%

式中:

A——馆内获得中级以上职称人员的总数;

B——全馆员工总人数。

——指标值为:

a)基本值:10%;

b)良好值:30%。

A.2.2.3 **领导班子履职能力**

**定义**:指图书馆馆级领导集体履行岗位职责的能力。

**方法**:

——重点考查领导班子的结构、推进事业发展的作为和社会的评价度等。

——重点考查领导班子成员的专业作为、专业职称、相关专业工作经历及继续教育等情况。

A.2.2.4 **员工年人均教育培训学时数**

**定义**:指全馆员工一年内参加各类教育培训活动的平均学时数。

**方法**:

——包含在职学历教育和各类业务培训。

——全馆员工指图书馆正式在编人员。

——计算公式:A/B

式中:

A——全馆员工年度接受岗位培训、继续教育的总学时,单位为学时;

B——全馆员工总人数,单位为人。

——该指标的指标值分为两档:

a)基本值:40学时/人;

b)良好值:60学时/人。

#### A.2.2.5 员工年人均发表论文数量

**定义**:指馆内员工一年间平均每人发表在正式出版物或国际会议上的论文数量。

**方法**:

——正式出版物是指有 ISSN 号的连续出版物(含增刊,含省级以上有内部资料准印证的图书馆专业期刊)、有 ISBN 号或 ISSN 号的会议论文集、有电子出版许可证号的网络期刊等。

——论文内容须与图书馆学、情报学、文献学等学科相关,与少年儿童图书馆工作相关,字数不少于 3000 字;不含通讯报道性文章。

——全馆员工指图书馆正式在编人员。

——计算公式:A/B

式中:

A——全馆在省级以上刊物或国际会议上发表的论文总数,单位为篇;

B——全馆员工总人数,单位为人。

——指标值为:

a)基本值:0.005 篇/人;

b)良好值:0.01 篇/人。

## A.3 文献资源

### A.3.1 总藏量

**定义**:指本馆已入藏的古籍、图书、期刊和报纸的合订本、小册子、手稿,以及缩微制品、视听文献、电子文献等各类文献资料的数量之和。

**方法**:

——报纸、期刊以一个合订本为一册计算。

——指标值为:

a)基本值:2 万册/件;

b)良好值:10 万册/件。

### A.3.2 文献入藏

#### A.3.2.1 图书年入藏数量

**定义**:指图书馆一年内获得的各种来源(如采购、接受捐赠或调拨等)的中外文图书总量。

**方法**:

——按图书题名以种为单位计算(即丛书中的每一题名单独计“种”,分散出版的多卷书各自计“种”)。

——不含电子图书。

——指标值为:

a)基本值:1500 种;

b)良好值:3000 种。

注:含指标 A.3.2.3,不包括指标 A.3.2.2 和指标 A.3.2.4。

A.3.2.2 **报纸、期刊年入藏数量**

**定义**:指图书馆一年内获得的各种来源(如采购、接受捐赠或调拨等)的中外文报纸和期刊总量。

**方法**:

——按报刊题名以种为单位计算(即丛刊中的每一分辑题名单独计“种”)。

——不含电子报纸、电子期刊。

——指标值为:

a)基本值:50种;

b)良好值:100种。

A.3.2.3 **低幼读物年入藏数量**

**定义**:指图书馆一年内获得的各种来源(如采购、接受捐赠或调拨等)的面向6岁以下儿童的挂图、异型书、识字卡片、低幼绘本、连环画等文献总量。

**方法**:

——指标值为:

a)基本值:500册;

b)良好值:1000册。

A.3.2.4 **视听文献年入藏数量**

**定义**:指图书馆一年内获得的各种来源(如采购、接受捐赠或调拨等)、不同载体(如录音带、录像带、DVD、VCD、CD唱片等)的视听文献。

**方法**:

——以种为单位计算。

——指标值为:

a)基本值:80件;

b)良好值:200件。

A.3.3 **文献采选**

**定义**:指图书馆按照一定的原则、目的、方法和要求而建立、扩大或更新馆藏各类型文献资源的工作。

**方法**:

——重点考查文献采选政策的建设情况及执行情况。其中:

a)文献采选政策建设首先考查是否有“采选政策”文本;若有,则考核文本中对各类文献(含电子文献和网上资源)的采集依据和工作要求的规定情况。

b)文献采选政策的执行情况重点考查图书、报刊、期刊等各类型文献有否缺藏,工作程序是否规范、严格等内容。

——重点考查《全国少年儿童图书馆基本藏书目录》入藏情况。

A.3.4 **文献编目**

**定义**:指图书馆按照一定的规则进行文献资源著录,组织成目录并进行维护的工作。

**方法：**

——重点考察普通图书、期刊与报纸、视听文献等文献资源的编目情况。普通图书包括中外文普通图书和少数民族图书等。

——各类文献的考查内容包括：

a）是否依据有关国家标准和行业标准进行编目；

b）是否有相关编目细则；

c）书标、登录号、馆藏章等是否规范、统一、整齐、美观；

d）是否在规定时间内完成编目。

### A.3.5　文献保护

**定义：**指图书馆为防止、遏止或延缓文献退变及损害所采取的干预技术和抢救、修复受损文献的工作。

**方法：**

——含普通馆藏文献、数字文献等。

——考查内容包括：

a）文献出入库等藏书管理规章制度的制订与执行；

b）藏书保护规章制度的制订与执行；

c）书库防火、防盗、防虫、防潮、防尘、卫生等措施、设备及效果；

d）破损图书修复。

## A.4　服务工作

### A.4.1　免费开放

**定义：**指图书馆内公共空间设施场地免费开放和基本服务项目是否健全及免费开放情况。

**方法：**

——公共空间设施场地指一般阅览室、多媒体阅览室（电子阅览室）、报告厅（培训室、综合活动室）、自修室等公共空间。

——基本服务项目指文献资源借阅、检索与咨询、公益性讲座和展览、基层辅导、流动服务以及为保障基本职能实现的一些辅助性服务如办证、验证及存包等。

**注1：**具体考查内容可参考文化部、财政部共同出台的《关于推进全国美术馆公共图书馆文化馆（站）免费开放工作的意见》（文财务发〔2011〕5号）。

**注2：**基本公共文化服务项目将随着社会的不断发展、政府财力的增长和人民群众精神文化需求的不断增长而发展变化。所以，在实际评估时，可结合实际情况就上述考查的内容进行删减或补充。

### A.4.2　普通服务

#### A.4.2.1　每周开馆时间

**定义：**指正常一周内图书馆提供主要服务（如文献借阅服务）的时间。

**方法:**

——周六和周日两天都闭馆的图书馆,评估时该指标不得分。

——本指标所指主要服务不包括自助服务。

——指标值为:

a)基本值:40 小时;

b)良好值:48 小时。

### A.4.2.2 年服务总人次

**定义:**指当年到图书馆场馆接受图书馆服务的总人次。

**方法:**

——指标值为:

a)基本值:2 万人次;

b)良好值:10 万人次。

### A.4.2.3 文献年外借册次

**定义:**指一年内通过本馆或本馆所辖分馆以及本馆派出的馆外服务设施借出的本馆各类型文献数量。

**方法:**

——指标值为:

a)基本值:4 万册次;

b)良好值:12 万册次。

### A.4.2.4 开架文献数比例

**定义:**指已上架并可用于外借或馆内阅读的图书、报刊、视听文献等文献数量占本馆总藏书数量的比例。

**方法:**

——开架书刊数和总藏书数均指印刷型图书、报刊及视听文献,不含电子书刊;开架书刊包含半开架情况。

——计算公式:$A/B \times 100\%$

式中:

A——已上架并可用于外借或馆内阅读的图书、报刊、视听文献等文献数量,单位为册/件;

B——总藏书量,单位为册/件。

——指标值为:

a)基本值:70%;

b)良好值:90%。

### A.4.2.5 特殊少年儿童读者服务

**定义:**指图书馆为由于各种原因在获取和利用文献信息资源方面存在特殊困难的少年儿童读者提供有针对性的服务。

**方法：**

——重点考查为残障少年儿童读者服务情况：

a)是否设立无障碍通道、无障碍电梯、专用厕所等残疾人专用设施；

b)是否设立盲人少年儿童读者专门阅览座席，提供盲文文献及专用辅助阅读设施；

c)是否提供送书上门、到馆专人引导等面向残障少年儿童读者的专门服务措施。

### A.4.3 网络服务

#### A.4.3.1 图书馆网站建设与服务

**定义：**指图书馆围绕自身资源建设与服务活动需要，有计划地在特定域名下制作和发布一系列网页内容，并通过这些网页为用户提供网络化服务。

**方法：**

——重点考查网页结构、网页内容、网页设计、网页维护、管理与更新等方面内容。

——重点考查网上服务信息发布、馆藏书目查询、网上预约（可含电话预约）、网上续借（可含电话续借）、虚拟参考咨询开展情况等方面内容。

#### A.4.3.2 年网站访问量

**定义：**指一年内图书馆网站中所有网页（含文件及动态网页）被访客浏览的总次数。

**方法：**

——指标值为：

a)基本值：2 万次；

b)良好值：5 万次。

### A.4.4 社会教育活动

#### A.4.4.1 年读者活动场次

**定义：**指一年内本馆举办或与外机构联合在馆内或馆外举办的讲座、培训、展览、阅读推广等各种形式的读者活动次数。

**方法：**

——指标值为：

a)基本值：50 次；

b)良好值：100 次。

#### A.4.4.2 年读者活动参加人次

**定义：**指一年内参加本馆举办或与外机构联合在馆内或馆外举办的讲座、培训、展览、阅读推广等各种形式活动的读者人次。

**方法：**

——指标值为：

a)基本值：1500 人次；

b)良好值：3000 人次。

### A.4.5 活动宣传

**定义**:指图书馆在馆内或馆外利用各种方式对本馆开展的各类社会教育活动进行宣传、介绍和推广的情况。

**方法**:

——包括对图书馆组织开展服务宣传周、全民读书月、世界图书与版权日等主题活动的考查。

——重点考查这些宣传活动的内容、方式、渠道、频率、效果等。

### A.4.6 延伸服务

#### A.4.6.1 延伸服务点数量

**定义**:指在馆外建设的延伸服务点数量。

**方法**:

——延伸服务点包含本馆在馆外建设的非独立建制分馆、流动图书车、自助图书馆,不含以本馆为总馆或中心馆的独立建制分馆。

——指标值为:

a)基本值:4 个;

b)良好值:15 个。

#### A.4.6.2 延伸服务点文献借阅人次

**定义**:指一年内接受本馆延伸服务点借出阅读服务的读者人次。

**方法**:

——指标值为:

a)基本值:1400 人次;

b)良好值:2000 人次。

#### A.4.6.3 延伸服务点文献借阅册次

**定义**:指一年内通过本馆馆外延伸服务点借出阅读的本馆各类型文献册次。

**方法**:

——指标值为:

a)基本值:1500 册次;

b)良好值:4000 册次。

### A.4.7 读者满意率

**定义**:指用户对图书馆的需求或期望的被满足程度。

**方法**:

——可由评估主体自主或委托第三方机构对被评估图书馆的读者进行问卷调查,问卷内容应包括图书馆的设施设备、馆藏资源、服务内容、服务质量及员工素质等(参见附录 B)。

——调查表发放数量不少于 200 份,其中有效问卷总数应不少于 160 份。

——计算公式:$A/B \times 100\%$

式中:

A——满意问卷份数,单位为份;

B——有效问卷份数,单位为份。

——指标值为:

a)基本值:50%;

b)良好值:95%。

## A.5 协作协调

### A.5.1 年接受业务培训次数

**定义:**指一年内参加上级馆或其他机构举办的面向少年儿童图书馆的业务培训活动次数。

**方法:**

——指标值为:

a)基本值:1 场次;

b)良好值:3 场次。

### A.5.2 社会合作

**定义:**图书馆为促进少年儿童服务而与医疗、民政、幼儿园、中小学以及出版发行机构、作家等其他社会机构或个人开展的协作行为。

**方法:**

——重点考察图书馆与其他社会机构或个人合作开展活动的形式与内容、次数、规划、组织管理以及社会效果等。

## A.6 管理与表彰

### A.6.1 人力资源管理

**定义:**指对图书馆工作人员的录用、调配、晋级、培训、奖惩以及对参与图书馆工作的志愿者的招募、培训、指导、使用、考核、激励等事宜所实施的管理。

**方法:**

——工作人员管理重点考查岗位管理情况及人员聘用、考核、分配激励制度等方面内容。

——志愿者管理重点考查志愿者相关的管理制度、队伍规模以及工作效果等方面的内容。

### A.6.2 财务管理

**定义:**指图书馆对资金的筹集、使用、耗费、收入和分配进行计划、组织、控制、核算和分析,并对资金运动中图书馆与各方面的财务关系进行处理和协调的各项管理工作的总称。

**方法:**

——重点考查财务制度建设及其执行和监督,以及有关部门对图书馆财务进行审计的情况。

### A.6.3 设备、物资管理

**定义:**指对图书馆各种设备及物资的储备、分配、使用及订购进行的计划、组织和调节。

方法：

——重点考查设备与物资管理的制度建设与制度执行情况以及国有资产管理情况等方面内容。

A.6.4　档案管理

定义：指对图书馆档案进行编纂和保管，包括收集、整理、保管、鉴定、统计和提供利用等工作。

方法：

——重点考查人事档案、业务档案、工程项目档案等方面内容。

——重点考查各类档案是否健全，资料是否翔实，归档是否及时，装订是否整齐，是否每卷建有目录等。

A.6.5　统计管理

定义：指图书馆利用各种科学方法，搜集、整理、分析、研究和提供各种统计资料的工作过程。

方法：

——重点考查人事管理统计、财务统计、业务工作统计等统计资料的齐全程度以及对统计数据的分析、研究和利用情况等。

A.6.6　环境管理

定义：指图书馆为给读者提供舒适的环境而进行的综合性管理活动

方法：

——重点考查阅读学习设施配备及维护情况，环境整洁、美观、安静程度，馆内标牌规范程度以及节能减排措施等方面内容。

A.6.7　安全管理

定义：指图书馆为防止各类意外事故和保障安全而开展的组织管理措施。

方法：

——重点考查图书馆人员安全、数据及网络安全、应急预案建设等方面内容。

——图书馆应具备当地公安、消防部门出具的消防合格材料。

A.6.8　表彰与奖励

定义：指图书馆获得各级主管部门颁发的各类表彰与奖励情况。

方法：

——同一项目获多项奖励时，按最高级别奖项计分，不重复计算。

——计算公式：$A \times x + B \times y + C \times z$

式中：

A——获得国家级、部级表彰与奖励的次数，单位为次；

B——获得省级表彰与奖励的次数，单位为次；

C——获得市级表彰与奖励的次数，单位为次；

x——国家级、部级表彰与奖励的权重值，取值为50%；

y——省级表彰与奖励的权重值，取值为30%；

z——市级表彰与奖励的权重值,取值为20%;

——同一项目获多项奖励时,按最高级别奖项计分,不重复计算。

——在具体评估时,该项指标应限定最高分值,各类项目加权求和之后,所得分数不得高于该指标最高分值。

## 附录 B
## (资料性附录)
## 读者满意率调查表

读者朋友,您好:

为了更好地满足您的需求,提高图书馆的服务质量和水平,我们特邀请您参与"读者调查"活动,望能得到您的支持。本次调查重点了解您对以下13项内容的满意程度,请您根据实际感受分别在其后"满意""基本满意""不满意"所对应的方框内画"√"。谢谢您的合作!

| | 满意 | 基本满意 | 不满意 |
|---|---|---|---|
| **一、服务环境** | | | |
| 1. 馆舍环境、阅览环境 | □ | □ | □ |
| 2. 信息化设施设备(计算机、复印机、网络设施等) | □ | □ | □ |
| 3. 服务导引说明及相关标示标牌 | □ | □ | □ |
| **二、文献资料** | | | |
| 4. 图书、报纸、期刊及音像资料 | □ | □ | □ |
| 5. 数字资源(各类数据库、网络资源等) | □ | □ | □ |
| **三、服务内容及质量** | | | |
| 6. 开放时间 | □ | □ | □ |
| 7. 目录查询及文献借阅 | □ | □ | □ |
| 8. 解答咨询 | □ | □ | □ |
| 9. 读者活动(讲座、展览、阅读推广活动等) | □ | □ | □ |
| 10. 对图书馆书刊文献及服务活动的宣传和推介 | □ | □ | □ |
| 11. 读者反映意见的渠道及其处理 | □ | □ | □ |
| **四、工作人员** | | | |
| 12. 工作人员的专业水平 | □ | □ | □ |
| 13. 工作人员的服务态度 | □ | □ | □ |

**您的基本情况:**

1. 年龄:12岁以下□　13—18岁□　19—30岁□　31—50岁□　50岁以上□
2. 身份:少儿读者□　家长□　教师□　研究人员□　其他□

**您认为本馆目前最需要解决的问题是什么?欢迎提出意见和建议。**

注:正确填答问卷中10项及以上的为有效问卷;填写"满意""基本满意"的项目总计8项及以上为满意问卷。

## 参考文献

[1] GB/T 11391　信息与文献　图书馆统计[S](GB/T 11391—2009,ISO 2789:2006,IDT)

[2] GB/T 29182　信息与文献　图书馆绩效指标[S](GB/T 29182—2012,ISO 11620:2008,IDT)

[3] GB/T 4894　信息与文献　术语[S](GB/T 4894—2009,ISO 5127:2001,MOD)

[4] 文化部,财政部.关于推进全国美术馆公共图书馆文化馆(站)免费开放工作的意见(文财务发〔2011〕5号)[OL].[2014-01-21]. http://www.gov.cn/zwgk/2011-02/14/content_1803021.htm

[5] Wisconsin Public Library Standards[OL].[2013-11-21]. http://pld.dpi.wi.gov/pld_standard

[6] Public Library Service Standards[OL].[2013-11-22]. https://www.gov.uk/government/publications? keywords = Public + Library + Service + Standards + &publication_filter_option = all&topics%5B%5D = arts-and-culture&departments%5B%5D = all&world_locations%5B%5D = all&from_date = &to_date = &commit = Refresh + results

[7] Standards, Guidelines and Benchmarks for Public Library Services in Australia and Overseas: A Guide to Resources [OL].[2012-05-26]. http://www.alia.org.au/governance/committees/public.libraries/standards.html

[8] 公共圖書館設立及營運基準[OL].[2013-11-21]. http://www.lins.fju.edu.tw/mao/pl/plstandard.htm

[9]丘东江.图书馆学情报学大辞典[M].北京:海洋出版社,2013

# 国家图书馆出版社
# 图书馆学、信息管理科学重点图书推介

**RDA 全视角解读**

罗翀主编　　定价:100.00 元　　出版时间:2015 - 05

**《资源描述与检索》的中文化**

胡小菁等著　　定价:60.00 元　　出版时间:2015 - 01

**资源描述与检索(RDA)**

RDA 发展联合指导委员会主编　　定价:480.00 元　　出版时间:2014 - 06

**UNIMARC 手册:规范格式(第三版)**

Mirna Willer 编;《中国机读规范格式》工作组译

定价:120.00 元　　出版时间:2013 - 12

**电子资源 MARC21 组织法**

罗翀等编著　　定价:48.00 元　　出版时间:2013 - 11

**编目:新的变化与应对之策——第三届全国文献编目工作研讨会论文集**

国家图书馆中文采编部编　　定价:120.00 元　　出版时间:2013 - 10

**中文书目数据制作**

全国图书馆联合编目中心,国家图书馆中文采编部编

定价:100.00 元　　出版时间:2013 - 09

**中国图书馆分类法(第五版)**

《中国图书馆分类法》编辑委员会编　　定价:360.00 元　　出版时间:2010 - 09

**中国图书馆分类法(未成年人图书馆版)(第四版)**

《中国图书馆(未成年人图书馆版)》编辑委员会编

定价:180.00 元　　出版时间:2013-11

**《中国图书馆分类法》第五版与第四版增删改类目对照表**

卜书庆　刘华梅编　　定价:50.00 元　　出版时间:2013-03

**中国图书馆分类法简本(第五版)**

《中国图书馆分类法》编辑委员会编　　定价:120.00 元　　出版时间:2012-09

**《中国图书馆分类法》第五版使用手册**

《中国图书馆分类法》编辑委员会编

定价:59.00 元　　出版时间:2013-11

**中文普通图书分类方法与 CNMARC 书目数据编制技巧**

秦小燕著　　定价:38.00 元　　出版时间:2014-05

*以上系列图书盗版严重　请从正规渠道购买*

地址:北京市西城区文津街 7 号

邮编:100034

电话:010-66126153;66114536;66151313;88003146

传真:010-66121706

网址:www.nlcpress.com

ISBN 978-7-5013-5645-4

定价：80.00 元